团队沟通的艺术

鸿 雁 编著

吉林文史出版社

图书在版编目（CIP）数据

团队沟通的艺术 / 鸿雁编著. -- 长春：吉林文史
出版社, 2020.1（2024.8重印）

ISBN 978-7-5472-6686-1

Ⅰ.①团… Ⅱ.①鸿… Ⅲ.①组织管理学 Ⅳ.
①C936

中国版本图书馆CIP数据核字(2019)第250804号

团队沟通的艺术
TUANDUIGOUTONGDEYISHU

编　　著	鸿　雁	
责任编辑	张雅婷	
封面设计	末末美书	
出版发行	吉林文史出版社有限责任公司	
地　　址	长春市福祉大路5788号	
电　　话	0431-81629353	
网　　址	www.jlws.com.cn	
印　　刷	北京永顺兴望印刷厂	
开　　本	880mm×1230mm　1/32	
印　　张	4	
字　　数	80千	
版　　次	2020年1月第1版　2024年8月第2次印刷	
定　　价	19.80元	
书　　号	ISBN 978-7-5472-6686-1	

前 言
\PREFACE\

有很多企业管理者总是抱怨自己的员工不听指挥，工作很难展开，团队处于一种混乱管理的状态下，管理者手忙脚乱，员工茫然无措。其实，问题的关键在于团队管理者没有做好相应的团队沟通工作，致使工作中的很多问题不能通过有效沟通来解决。要知道，团队的有效沟通也是团队建设的重要组成部分。

有人形象地说："团队就是一个有口才的人对着一群有耳朵的人说话，让这些人听从你的领导。"善于沟通是领导带团队的基础，团队的方向、效率、干劲都要靠领导的好口才，70%的团队问题都是沟通上存在问题，带团队就是要与员工好好说话，不说大话、不说假话、不说空话。会沟通才可以增强团队凝聚力、提高团队决策水平、保障团队目标顺利实现。带团队就要用好身边的人，而性价比高和效果好的方式就是语言激励。会沟通可以让员工离职率大大降低；可以激发团队的热情，让成员的士气高涨；可以激发他们的潜能，帮助他们完成不可完成的任务；可以实现销售业绩的快速增长。不会沟通就是不会带团队，你就只能自己干。

　　《团队沟通的艺术》内容全面，案例丰富，文字通俗易懂，可以让领导迅速掌握和下属交流的各种方法，提高领导的语言表达能力，让领导的说话艺术更进一步。相信团队领导读过此书，和下属之间的沟通效果肯定可以提升一个台阶，带好自己的团队也就不是什么难事了。

目 录
\CONTENTS\

第一章

沟通中的工作和工作中的沟通

从"阿维安卡52航班的悲剧"说起

有效沟通能够决定人的生死？这听起来不可思议的事情确实存在。1990年1月25日，历史肯定不会忘记，那一天，由于阿维安卡52航班飞行员与纽约肯尼迪机场航空交通管理员之间的沟通障碍，导致了一场空难，飞机上73名人员全部遇难。

1月25日晚7点40分，阿维安卡52航班飞行在南新泽西海岸上空11277.7米的高空。机上的油量可以维持近2个小时的航程，按照常理，飞机降落至纽约肯尼迪机场仅需不到半小时的时间，这一缓冲保护措施可以说十分稳妥。然而，谁也没有想到此后发生了一系列状况，原因仅仅是沟通不到位。首先，晚8点整，肯尼迪机场管理人员通知52航班由于严重的交通问题他们必须在机场上空盘旋待命。晚8点45分时，52航班的副驾驶员向肯尼迪机场报告说他们的"燃料快用完了"。管理员收到了这一信息，但在晚9点24分之前，没有批准飞机降落。在此之间，阿维安卡机组成员再没有向肯尼迪机场传递任何情况十分危急的信息，但飞机座舱中的机组成员却相互紧张地告知彼此，他们的燃料供给出现了危机。

晚9点24分，52航班第一次试降失败。由于飞行高度太低以及能见度太差，因而无法保证安全着陆。当肯尼迪机场指示52航班进行第二次试降时，机组成员再次提到他们的燃料将要用尽，但飞行员却告诉管理员新分配的飞行跑道"可行"。晚9点32分，飞机的两个引擎失灵，1分钟后，另两个也停止了工作，耗尽燃料的飞机于晚9点34分坠毁于长岛。

事情发生后，当调查人员考察了飞机座舱中的磁带并与当事的管理员交谈之后，他们发现导致这场悲剧发生的原因是沟通障碍。为什么一个简单的信息既未被清楚地传递又未被充分地接受呢？很多人对此事件认真分析后一致认为：

首先，飞行员一直说他们"燃料不足"，交通管理员告诉调查者这是飞行员们经常使用的一句话。当飞机被延迟降落时，管理员认为每架飞机都存在燃料问题。但是，如果飞行员发出"燃料危急"的呼声，管理员有义务优先为其导航，并尽可能迅速地允许其着陆。一位管理员指出，如果飞行员"表明情况十分危急，那么所有的规则程序都可以不顾，我们会尽可能以最快的速度引导其降落的"。遗憾的是，52航班的飞行员从未说过"情况紧急"，所以肯尼迪机场的管理员一直未能了解到飞行员所面对的真正困境。

其次，52航班飞行员在传达信息时所用的语调也并未向管理员传递出燃料紧急的严重信息。许多管理员接受过专门训练，可以在各种情境下捕捉到飞行员声音中极细微的语调变化。尽管52航班的机组成员相互之间表现出对燃料问题的极大忧虑，但他们向肯尼迪机场传达信息的语调却是冷静而职业化的，这就给机场管理员造成了"情况并不危急"的错觉。

最后，飞行员的文化和传统以及机场的职权也使52航班的飞行员不愿意声明情况紧急。正式报告紧急情况之后，飞行员需要写出大量的书面汇报。另外，如果发现飞行员在计算飞行过程需要多少油量方面疏忽大意，联邦飞行管理局就会吊销其驾驶执照。这些消极因素极大地影响了飞行员发出紧急呼救的意愿。在这种情况下，飞行员的专业技能和荣誉感就会变成一种赌注，导致了悲剧的发生。

其实，在我们平时的工作和生活中，不良沟通给我们带来的伤害或损失也是非常大的。在工作中如果我们欠缺沟通技巧，就无法和同事顺利地完成一项工作，同时也会影响到我们个人的职业生涯的发展；在家庭中，如果不能做到很好的沟通，那将会造成家庭生活缺乏条理。所以，沟通对于我们来说是一个非常重要的基本技巧。现实生活中，导致沟通失败的原因主要有以下几点：

（1）缺乏信息或知识。

（2）没有说明重要性。在沟通的过程中，没有优先顺序，没有说明每件事情的重要性。

（3）只注重了表达，而没有注重倾听。

（4）没有完全理解对方的话，以致询问不当。

（5）时间不够。

（6）不良的情绪。在沟通的过程中，情绪会影响到效果。

（7）没有注重对方的反馈。

（8）没有理解他人的需求。

（9）职位的差距、文化的差距等也会导致沟通的失败。

在实际的工作、生活中，要时刻想想自己有没有因为上述问题而导致沟通失败，然后再结合后面章节的讲述加以改正。相信这样一来，你的沟通能力就将大大提高。

关于沟通

"沟通"在现代社会已经发展成为流行的名词，不仅在现实生活中声声入耳，在相关书籍中也是目不暇接。

然而"沟通"到底是什么意思呢？沟通是个外来语，译自英文的"Communication"，"Communication"也有人译作"传播"。但就人际互动或社会互动的角度来说，将"Communication"译为"沟通"，更能显示出交流、互动、双向历程的含义。

"Communication"是由拉丁文中"Communis"一词演变而来，原意是"分享"或"建立共同的看法"。行为学者认为沟通是信息传送和被人了解的过程，包括三个要点：

（1）通常发生在两人或两人以上的团体之间。

（2）包含信息的传送。

（3）沟通经常有其理由。

现代营销之父菲利普·科特勒也把沟通看作是一种过程，认为沟通是两人或两人以上的团体，通过符号的交换而建立关系的过程；这些符号产生意义，从而使彼此关系得以发展。由菲利普的看法可以获知，沟通是通过符号的交换而运作，这种符号不一定是语言，还包括手势、动作、表情，甚至服装、饰物等非语言的信息。因此，肢体语言也是一种沟通信息，由一个人的姿势动作，就可以推测或判断他在表达些什么。

综合考察上述各种观点，可以这样界定，沟通是一个过程，从事沟通的人可以是两人，也可以两人以上；所传送的信息具有一定的意义，通过多种渠道的传送，使沟通的双方达到分享利益、发展关系等目的。

透视沟通的力量

现代社会的发展，使人际交往越来越重要。每个人不管在社会生活中处于什么位置，都离不开与他人的沟通。人与人之间的沟通具有巨大的力量，比如说，沟通具有心理、社会和决策等功能，总之，它和我们生活息息相关。

首先，沟通具有心理功能。

一般来说，沟通提供两种心理功能：它满足我们和别人互动的人际需求，并且为我们提供可以看清自己的一面镜子。主要体现在以下两个方面：

1.为了满足社会需求而和他人沟通

心理学家认为，人是天生的社会动物。通俗地说，人需要和他人相处就像是人需要食物、水和庇护所一样。一旦失去和他人接触的机会，大部分的人会产生幻觉，失去运动机能，且变得心理失调。虽然我们都听说过隐士们选择遗世独立，但他们往往也有志同道合的朋友能彼此沟通。而我们大部分的人更需要和他人交谈，即使是谈些不重要的话。我们可以连续好几个小时高兴地谈一些相当琐碎的事，交换不见得有意义的信息，我们因为满足了互动的需求而觉得愉快与满意。

2.为了加强和肯定自我而与他人沟通

通过沟通，我们探索自我和肯定自我。譬如说，你如何发现自己的专长？仔细考虑后你就不难发现，这其中有相当一部分是他人告诉你的。你是否把会议主持得很好？你是否如愿地把工作做好？你是否有权利高兴、生气，是否有罪恶感？从与他人的互动中我们可以找到上述问题的部分答案。

其次，沟通具有社会功能。人际关系造就了沟通的社会功能，通过沟通，我们又能发展和维持与他人的关系。既然同在一个社会中生活，那么我们就必须通过与他人的沟通来了解他人。在与他人做第一次交谈后，你可能会决定与这个人保持距离或深交，但是不论是哪一种关系——社会、工作、朋友或亲密关系，很少有一成不变的。因为通过沟通的历程，关系得以发展、改变和维系。

再次，沟通还具有决策功能。我们除了是社会性动物之外，也是决策者。今天你是否想过从起床开始，到早餐吃什么以及是否要去上学或上班，你已经做了无数的决定，而其中有些是自己决定的，有些是你和别人一起商量后决定的。沟通满足决策过程中的两个功能是：

（1）沟通促进信息交换

正确和适时的信息是做出有效决策的钥匙。我们通过观察，通过阅读，通过媒体而获得信息，我们也通过和他人的交谈获得许多信息。例如，你一大早跑出去拿当天的报纸，当你匆匆跑回家时，妹妹问："外面天气如何？"你回答说："哇！好冷——一定不到10摄氏度。"妹妹听了后说："我要穿毛衣了，但是我想我最好开始准备穿冬天的旧大衣了。"这段简短的对话是典型的信息交换的例子。因为各种决策是由信息的获得而改进的。

（2）沟通有影响他人的功能

我们所做的许多决定常需要别人的同意或合作，因此，沟通在决策中的第二项功能是影响他人。例如，说服你的朋友参加宴会而不要去看电影、劝你的小孩去做功课、说服老师更改你的成绩等。有些理论家甚至主张所有沟通的结果就是要影响他人的行为。

从上面的讲述中，我们就可以很清楚地知道沟通具有多么大的力量了。

沟通的三要素

在沟通的定义里，必须要学习和明确沟通的重要内容，即三大要素：

1.沟通要有一个明确的目标

沟通一定要有明确的目标，有了明确的目标才叫沟通。如果大家在一起天南海北地侃大山，但没有目标，那就不是沟通，而是聊天。而我们以前常常没有区分出聊天和沟通的差异。实际工作和生活中你可能经常会遇到这样的情况，有同事或朋友过来说："嗨，小王啊，咱们出去随便沟通沟通吧。""随便"和"沟通"二者本身就是矛盾的。沟通就要有明确的目标，这是沟通最重要的前提。所以，当理解了这个内容之后，我们在和别人沟通的时候，见面的第一句话应该说："这次我找你的目的是……"要想与他人沟通，那么第一句话就要说出你要达到的目的，这是非常重要的，也是你的沟通技巧在行为上的重要表现。

2.沟通要力求有效

沟通应该是有效沟通，不能"沟"而不"通"。沟通是否结束的标志就是是否达成了一致。在实际的工作过程中，我们常见到大家一起沟通过后，没有达成一致，大家就各自去工作了。由于对沟通的内容理解不同，又没有达成一致，最终造成了工作效率的下降，各方又增添了很多矛盾，这种明显的"沟"而不"通"的情况是普遍存在于实际工作之中的，然而我们却习焉不察。在明确了沟通的第二个要素以后，我们应该知道，在我们和别人沟通结束的时候，我们一定要用诸如此类的话来做总结：非常感谢你，通过刚才的交流我们现在达成了一致，你看是这样的吗？这是沟通技巧的重要体现，在沟通结束的时候一定要做总结，这是一个良好的沟通习惯。

3.沟通是信息、思想和情感方面的沟通

有许多人片面地认为沟通只是信息的交流，实际上，沟通的内容不仅仅是信息，它还包含着更加重要的东西，那就是思想和情感的交流。那么信息、思想和情感哪一个更容易沟通呢？当然是信息。

例如，今天几点钟起床，现在是几点了，几点钟开会，往前走多少米，这些信息是非常容易沟通的，而思想和情感是不太容易沟通的。在我们工作的过程中，很多障碍使思想和情感无法得到很好的沟通。但事实上我们在沟通的过程中，需要传递的更多的是彼此之间的思想，而信息的内容并不是最主要的，这一点是每个人在沟通时需要特别注意的。

以上就是沟通的三要素，明确了这些将更有利于沟通的有效进行。

沟通的两种方式

我们在工作和生活中，会采用不同的沟通方式，可能我们用得最多的是语言。这是我们人类特有的一种非常有效的沟通方式。实际上在工作和生活中我们除了用语言沟通，有时候还会用诸如肢体语言等非语言方式去沟通，如用我们的眼神、面部表情和手势去沟通。归纳起来，我们的沟通方式有两种：即语言的沟通和非语言的沟通。通过这两种不同方式的沟通，可以把沟通的三个内容即信息、思想和情感传递给对方，并达成一致。

1.语言的沟通

语言是一种很直接的沟通方式。它主要包括口头语言、书面语言、图片或者图形等。

口头语言包括我们面对面的谈话、会议等，书面语言包括我们的信函、广告和传真等，图片包括一些幻灯片和电影等，这些统称为语言的沟通。

2.非语言的沟通

非语言沟通主要是指肢体语言沟通，而肢体语言的内容十分丰富，包括我们的动作、表情、眼神等。实际上，在我们的声音里也包含着非常丰富的肢体语言。我们在说每一句话的时候，所采用的音色、音调等，都是肢体语言的一部分，肢体语言传递的含义也是丰富而深刻的。

通过这些我们可以很容易地看出：语言更擅长沟通的是信息，而非语言也就是肢体语言则更善于沟通的是人与人之间的思想和情感。

明确了这种区别后，在沟通的过程中就首先要问自己，这次沟通的主要内容是信息还是思想和情感？如果是信息，那么用语言来沟通更容易；如果是思想和情感，则借助肢体语言来表达会更深刻。

沟通的三种行为

在你与对方进行沟通时，要形成双向的沟通，必然包含三种行为，即：说的行为、听的行为和问的行为。有效的沟通必然是由这三种行为组成的。换句话说，考核一个人是否具备沟通技巧的时候，看他这三种行为是否都能恰当表现出来就可以了。

有一家著名的公司在面试员工时，经常会让十个应聘者在一个空荡荡的会议室里一起做一个小游戏，很多应聘者在这个时候都感到不知所措。在一起做游戏的时候主考官就在旁边看，他不在乎你说的是什么，也不在乎你说的是否正确，他是看你这三种行为是否都出现，并且这三种行为是否按一定比例出现。如果一个人要表现自己，他的话会非常多，始终在喋喋不休地说，可想而知，这个人将是第一个被请出考场或者被淘汰的人。如果你坐在那儿只是听，不说也不问，那么，也将很快被淘汰。只有在游戏的过程中既说也听，同时还会发问，这才意味着你具备良好的沟通技巧。

以上事例也说明，当我们在沟通的时候，一定要养成良好的沟通习惯：说、听、问三种行为都要出现，并且这三者之间的比例要协调，只有具备了这些，才有可能实现良好的沟通。

沟通的原则

要想使沟通能产生良好的结果，就必须懂得沟通的原则。一般说来，成功的沟通要遵循下面几条重要的原则。

1.准确性原则

当信息沟通所用的语言和传递方式能被接收者所理解时，这才是准确的信息，这样的沟通才具有价值。沟通的目的是要让发送者的信息能够被接收者理解，这些看起来似乎很简单，但在实际工作中，常会出现接收者对发送者非常严谨的信息缺乏正确的理解的情况。信息发送者的责任是对信息进行综合，无论是笔录或口述，都要求用容易理解的方式表达。这要求发送者有较高的语言或文字表达能力，并熟悉下级、同级和上级所用的语言。这样，才能克服沟通过程中出现的各种障碍，同时对表达不当、解释错误、传递错误的信息给予纠正澄清。

当然，在注意了准确性原则之后，沟通并不一定能正常进行，这是因为要注意的信息太多，而人的注意力又很有限，所以接收者必须集中精力，克服思想不集中、记忆力差等问题，这样才能够对信息有正确的理解。

2.完整性原则

打个比方说，当组织中的主管人员为了达到组织目标，而要实现和维持良好的合作时，他们之间就要进行沟通，以加深彼此的相互了解。这项原则的一个特别需要注意的地方，即信息的完整性部分取决于主管人员对下级工作的支持。主管人员位于信息交流的中心，应鼓励他们运用中心职位和权力，起到信息中心的作用。但在实际工作中，有些上级主管人员忽视了这一点，往往越过下级主管人员而直接向有关人员发指示、下命令，使下级主管人员处于尴尬境地，并且违反了统一指挥的原理。如果确实需要这样做，则上级主管应事先同下级主管进行沟通，只有在时间不允许的情况下，例如紧急动员完成某一项任务、下令撤离某一危险场所等，采用这个方法才是必要的。这就是沟通的完整性原则。

3.及时性原则

及时性原则指在沟通的过程中，沟通的各方应当及时通过沟通系统发送和获得沟通信息。在实际工作中，信息沟通常因发送者不及时传递或接收者的理解、重视程度不够，而出现事后信息，或从其他渠道了解信息，使沟通渠道起不到正常的作用。当然，信息的发送者出于某种意图（例如物价上涨时，调整员工的心理承受力），而对信息交流进行控制也是可行的，但在达到控制的目的后应及时进行信息的传递。

4.非正式组织策略性运用原则

这一原则主要运用于管理沟通中，其性质就是，只有当你使用非正式的组织来补充正式组织的信息沟通时，才会产生最佳的沟通效果。非正式组织传递信息的最初缘由，是出于一些信息不适合由正式组织来传递。所以，在正式组织之外，应该鼓励非正式组织传达并接收信息，以辅助正式组织做好组织的协调工作，共同为达到组织目标做出努力。一般说来，非正式渠道的消息，对完成组织目标有不利的一面。但是，小道消息盛行，却反映了正式渠道信息的不畅通。因而加强和疏通正式渠道，在不违背组织原则的前提下，尽可能通过各种渠道把信息传递给员工，是防止那些不利于或有碍于组织目标实现的小道消息传播的有效措施。

掌握了以上沟通的原则，就为有效沟通创造了基础，这样才有利于沟通的进行。

妨碍沟通的因素

有一位妻子怀疑她的丈夫对于一本他正阅读的侦探小说比她想要告诉丈夫的市井新闻更感兴趣。于是她在讲完市井新闻后突然说："这匹马把我们的孩子全吃掉了！"

丈夫听到妻子的声音后愣了一下然后说："亲爱的，那很好。"

妻子愤怒地问："你听到我说的话了吗？"

"没有。"丈夫说了一句，说着又把书翻过一页。

在这个故事里，夫妻间的沟通显然是失败了。同样，生活中沟通失败的情况更是不计其数，导致沟通失败的原因也是多种多样的。可能是由于书写潦草、稿件地址写错、谈话中的误解或误听、说话的内容与表情不一致等原因。上面这个例子则是由于这位丈夫心不在焉，无心参与沟通造成的。那么为什么会发生沟通失败的情况呢？人们经过仔细考察研究后发现，导致沟通不能有效进行的原因主要有以下几个方面：

1.缺乏明确的目标

这导致信息内容的不确定，信息传送者不知该说些什么、怎么去说，也不知道接收者想听些什么。

2.信息传导错误

传送者知道该说什么，可是选择了错误的渠道和媒介传播。比方说，传送一个私人的信息时，打个电话或是登门造访就比书面的方式更恰当、更有效、更通情达理。又如传送者可能希望在一定的时间内尽可能多地将信息传送给接收者，却没有考虑接收者对于这个话题先前已有的知识和理解能力。再如传送者语速太快、太慢或滥用术语也会导致沟通失败。

3.感觉和态度的问题

传送者和接收者由于各自经历的不同和理解方式的差异，对于同一词语在不同环境中就会有着不同的看法，当双方就词语的意义发生巨大分歧时，通过交谈进行沟通可能就无法进行。另外，传送者出于保密或缺乏信任而对信息有所保留，也可能导致接收者不愿接收和理解信息。

4.环境的影响

首先，噪音的影响，它包括内在的和外在的，并且存在于沟通过程的各个环节。噪音有可能造成信息损耗和失真。

其次，缺少沟通的渠道，例如没有正式的会议，没有电话。

最后，距离过于遥远对沟通也会造成影响。

5.信息传递的环节

环节越多，信息被误解的可能性就越大。一传十，十传百，简单的信息也可能变得面目全非。

弄清楚妨碍沟通的因素后，再结合自身的实际情况进行改进，相信你会让自己的沟通更有效地进行。

达到沟通的目标：相互理解

在沟通中，有发送者和接收者两个终端。发送者是讲话人，当他将自己的信息表达出来给他人听时，如果接收者屏蔽发送者所讲的信息，在交谈场合表现出毫无兴趣的样子，或者对发送者所讲的每一点都发表评论，这种情况下，有效沟通是很难完成的。

沟通的目标就是要相互理解。当达到这个目标时，双方都听明白对方的意思并理解每个问题的来源。他们不再像对抗的双方或竞争者，相反，他们以一种协作的方式交流。这种交谈的特征是彼此互相尊重并且态度诚挚。他们可能会有分歧，但分歧并不能阻止有效沟通的进程，大家会共同研究这个分歧从而取得满意的结果。

如果大多数人没有接受过作为发送者和接收者进行沟通的指导，他们将无法做到相互理解。其结果是，人们表达信息时，主要使用建立于旧习惯上的四种常见的方式。这四种方式包括：攻击式、退让式、消极进攻式、自信式。

同样，人们也通常采用四种相近的方式接收信息，主要包括：被动倾听式、选择倾听式、专注倾听式、积极倾听式。

综合考察这些常见的说和听的方式后不难发现，最有效的沟通方式是：

自信讲话，就是直接、积极、自信地表达你的观点，从而让你的观点清晰明了，同时保持对他人的尊重。

积极倾听，就是对讲话者做出语言的或非语言的反馈，允许她或他继续表达信息，并表明自己理解了此信息。

这两种方式有利于达成相互理解的目标，所以为实现成功的沟通，你必须能够将积极倾听和自信讲话有机结合起来。

不可忽视的假定

所谓假定就是指当你在与他人交流时，对他人言语、行为等所做的一些假设。在有效沟通的过程中，如果你想做到更积极的倾听与自信的讲话，你就不得不注意与他人交流时的假定方式。

假定有何作用

在你与他人进行交流的过程中，假定是无须证明和演示的信条，或者说是某个人在有机会实施计划之前的一种行为方式。假定是人类环境的一部分。在你的一生中，你很可能一直在假定，就是对你自己本身也是如此。很多时候假定是消极的，甚至是错误的。但并不是所有的假定都是消极的。

假定还有它无可替代的积极作用：

1.过程激励作用

假定能够帮助你收集信息并激励你理解周围的世界。举例来说，当你驾车时，假定有助于让你保持警惕和注意其他司机可能做的事情，从而确保你的安全。

2.预见问题状况

假定可以帮助你为解决问题做好准备，计划好发生困难时如何做出适当的反应。

3.尝试新事物

假定可帮助你对新人物或情况做出有依据的猜测。它们可以帮助你吸取过去的经验，并决定在将要发生的情况中如何应用它。实质上，假定允许你去冒险尝试新的不同的事物。

怎样避免假定一边倒

先来看这样一个例子，一个由于假定而造成错误的例子。

有一个记者报道了一起交通事故。有一辆小汽车撞上了路边的电线杆，司机撞到车前挡风玻璃上，头部受伤。记者写这个报道时假定司机出事故时没有系安全带。

第二天，司机看到这则报道时打电话给记者澄清了报道中的这个主要错误：事实上，事发当时司机系着安全带。这个记者不知情而擅自臆造了这个假定，造成了报道失真的错误。

如果你做假定时，不仅自己犯了某个愚蠢的错误，还影响了别人，这会让他们看起来或感觉自己也很愚蠢。最糟的是，通过使用你的假定可能会伤害到别人。换句话说，尤其当处理与他人相关的问题时，大量使用假定得出结论是错误的做法。

当人们把假定的问题当作绝对事实时，就可能会导致错误、误解和关系紧张化的发生。以下就是几种常见的假定错误：

1.替别人得出结论

就是说在某一特定场合，不用等事情完全结束，你就可以通过暗示或推断等知道某人将要说什么，或者某个事物会起作用。然后你会有以下的做法：

（1）代人讲完他们要说的话。

（2）在别人尚未讲完时打断他（她）。

（3）一发现你不喜欢的人发话，就立即打断他（她）。

（4）未掌握新事物的基本原理就否定它。

●团队沟通的艺术

这些做法在人际沟通中对你是极为不利的。

2.总是琢磨别人的意图

人们的行为常常具有某种意图，但你只能看到行为。然而，人们常常假定他们能获取某些人隐含的意图，而且常常假定别人有最坏的意图。如果将注意力放在意图，而不是行为上的话，就会导致你把原本很小的事情解释为具有破坏性的或恶毒的意图。总是考虑某个人有什么意图，你通常会对人胡乱地猜测。

3.自作聪明

每当这时，你就会在不考虑你做的事情对谁有直接影响的情况下，就代别人采取行动或做决定。这些措施包括从许诺到引起质变的过程。通常，受影响最深的当事人直到这些变化发生以后才发现发生的事情。这样的惊奇还是留到你的生日晚会吧！否则，它会惹恼别人。

4.以自己为标准

这时候的你总是假定任何来自与你不同群组的人（无论是民族、种族、宗教、性别、性格、职业或其他分类标准）都与你具有相同的行为准则和思维方式。譬如你认为某件事该怎么做，别人也同样那样认为。这样只会经常侵犯他人，除了显示你的无知与偏见外毫无用处。

如果想要避免假定一边倒，你最好改掉上面的几种做法，那些只会给你自己带来麻烦。

不要随随便便就做假定

虽然假定是人类思考过程的一个正常部分，但你需要注意到你的假定能否有效地进行相互作用。不要随随便便就做假定。

为了让你所做的假定更趋于合理，以下是一些有用的技巧：

1.把每个人都看作独立的个体

个体并不代表全部。把你在工作中遇到的每个人或者你提供服务的每个客户都视作一个独立体。这样，你越是理解他们，就越能够更好地和他们交流。

2.倾听为先

听完后，提出问题来验证你对信息的理解，确保你明白它的真正含义。当听到与你的想法不同的意见时，要避免直接武断地表示否认或消极地评论它。这样会确保沟通继续进行。

3.避免概括经验

人与人之间都是有差异的，如果你试图将有限的经验当成绝对事实来使用，你就忽视了深刻的个体差异。说话时不要总是概括，将你的结论与你自己的亲身体验相结合，只有在的确相关的情况下才可以概括。

4.先沟通，后行动

由于大多数的工作是要与其他人共同协作才能完成的，所以，在你采取行动前应当与相关的人核实，以确保大家意见一致。无论你的动机多好，想法多完美，如果你事先不与重要人物商量，通常会引起他们的不满，他们甚至可能在最后关头拒绝合理的行动或建议。

此外，当你与他人协同工作时，不妨做这样一种假定：假设其他人赞同这个观点。这个假定最大的好处就是允许你暂时忽略他人的行为和想法，共同致力于完成工作。

总之，做出假定也要有技巧，不要盲目地就做假定，以免给自己带来不便。

关于传言

人们都有这样一种体验：愈是机密的、不能告知别人的东西，别人愈是感到好奇，然后就会东猜西想，猜想的东西久而久之就变成了传言。传言对社会有巨大的危害，同样，它也危及有效沟通的进行。

传言的成因及危害

从管理学的角度来说，一些愈是机密的不愿意让人知道的事情，人家愈会东猜西想，这就是传言，在这个飞速发展的社会，传言导致的后果特别严重。

为什么大家特别喜欢讲传言？传言有哪些危害呢？这就要从传言的四个成因来探讨：

1.内心的焦虑

公司职员都有这样一种感觉：公司一旦有什么消息传出来，大家就会非常焦虑。例如，当联想与IBM要合并其中个人电脑业务部分时，外面一直在传一件事情，说有个美国人到联想来当总经理，他会裁掉很多人。事实上，IBM并没有说过这样的话，联想也从来没有说过这样的话，但是以大家的猜测好像会这么做，于是传言产生了，并在外面不断蔓延。这很容易使人心涣散，影响工作的正常进行。为了避免由此造成的严重后果，杨元庆马上宣布："绝不裁员！"这才使传言不攻自破，保证了公司上下沟通的顺畅进行。

2.想获取更多信息

对于某一件事情会有几种甚至多种不同的说法，对于这些来自各个方面的消息，你把它七拼八凑，也许会比较完整一些，所以很多人喜欢散布传言，希望得到多一点儿的信息。但这种散布传言的结果是，获取的信息增多了，同时也会给别人或公司带来坏的影响，彼此间的沟通也就无法正常进行。

3.作为与他人联合的手段

传言也可以作为联合群体的一种手段，因为大家都在传一样的故事，就会成为同路人。这是传言的一个很有趣的成因，也会给有效沟通带来糟糕的后果。你会与所谓的"非同路人"形成沟通交流的障碍，阻碍沟通的有效进行。

4.作为一种权力资本

传言是一种权力，也就是说，大家都在散布传言的时候就表示——"我知道内幕，我知道消息，我有权力"，于是大家就开始向你靠拢，无形中就形成了一种权力。而这种权力会给上司或与你持不同立场的人带来"威胁"，在这种情况下，对方就不再愿意和你进行沟通，由此也会造成某些严重的后果。

鉴于上述传言的成因及其造成的严重后果，在现实生活中，我们一定要小心对待传言，如果有可能，尽量不让传言四处蔓延，要及时阻止其传播。

应对传言的方法

传言一旦形成就会造成负面的影响，就能给个人或企业带来巨大的损失，那么面对传言，最好要做些什么呢？

下面是三点参考意见，会对陷入传言中的人有所帮助：

1.尽快公布真相

肯德基连锁快餐店发生了"苏丹红事件",使肯德基非常难堪。但是肯德基采取了积极措施,它马上对外公开,说他们使用的苏丹红是在长江三角洲的无锡购买的,购买的苏丹红数量是多少,其成分经过了化验,中国用过苏丹红的公司有哪几家,等等,这件事情做得非常漂亮,传言很快就停止了。

中国有句话叫作"纸包不住火",面对这种特性,没有办法围堵,只可以疏通。所以最好的方法就是立刻公布,肯德基遇到的"苏丹红事件"因公布得快,所以成功地渡过了一道难关。

2.向别人说明你的对策

假设今天联想有人问杨元庆:"听说公司要裁员?"杨元庆告诉对方:"谁说的?公司一个都不裁。"杨元庆的这种说法反而令人生疑。如果杨元庆这么说:"是的,全世界没有哪个公司不裁员,我们与IBM就是不合作也是要裁员的,哪一天裁员呢?公司有三个对策:第一个现有的销售队伍,我们打算减少7%,但是现有的生产队伍,我们打算增加5%,现有的海外市场打算扩张15%,现有的国内市场打算收缩3%,所以各位,其实裁的人非常少,只不过是换换位子,而且这个方案我们已经决定,下个礼拜三公布。"如此一说,大家就放心了。这种说出对策的做法对于打消传言是非常有益的。

3.快速行动

还是以联想为例:下礼拜三到了,该开始操作了,而且一面操作一面修正,还向各位说:"各位,我们上次所公布的数字需要修正,因为我们没有想到,我们与IBM合作以后,事情进展得非常顺利，俄罗斯也打算与我们合作，另外印度尼西亚也与我们合作了，所以不但不裁员，公司还要再增加5%的员工。"这件事足以说明，应付传言"快速行动"四字尤为重要。

掌握了上面三个措施，面对传言时就会轻松自如许多。由此也可以看出：传言并不可怕，主要在于你是采取什么样的行动去应付传言。如果行动得当，传言很容易就会被攻破的。

沟通效率法则：不拘形式才能提升效率

沟通讲究实效，而不注重形式。提高沟通的有效度，同时必须掌握一定的沟通艺术。

对于一个企业，设立意见箱，可无记名投递；定期召开恳谈会或求实会；善于发现并利用非正规组织的"领导"。这些都是非常有效的沟通方式，通常提高这些应用方式实际功效的途径有以下几条：

1.知彼知己

事先了解沟通对象的背景，如年龄、喜好、有何民俗忌讳等。

2.及时解释

尽快澄清易引起误解的原因，如，约定时间迟到了，应立即解释迟到的原因，这对于首次见面尤为重要。

3.渲染气氛

见面后，不要立即转入正题，应该先寒暄，或说一些赞许之辞，以求尽量拉近距离，营造宽松和谐的氛围。

4.坦诚有礼

在谈话时，要直视对方，态度诚恳而积极，不要打断对方讲话，要用商量的口吻有针对性地表示自己的看法，如"这样做行吗？"等。

5.控制情绪

要能控制自己的情绪，即使对方有些蛮不讲理，也不可大动干戈，气恼不止，而应冷静应付，必要时以不变应万变。

6.善于应变

环境在变化，对方也是多变的，自己应有应急思维和能力，及时调整对策，善于在变化中把握自己，知识面要广、反应要快，所需的论据和材料能信手拈来。

7.避实就虚

遇到敏感或复杂问题时，可巧妙地绕过去，可用"个别问题个别解答"或"该问题有待了解，现无可奉告"等托词。

8.巧用肢体语言

恰当的手势、神态、表情能增强讲话的信度和力度，如手掌的挥动、头部的轻度偏移、微笑等。但要避免双手交叉于胸、抖动二郎腿等动作。巧用肢体语言的关键在于得体。

9.先入为主

受群体压力的影响，人一般会有模仿、顺从之意，若想竭力推行自己的主张，应先声夺人，形成一定的思维定式，使对方易于接受自己的观点。

10.个别谈话

人都需要尊重，个别谈话具有私密性，也能照顾对方的面子和感受，使对方易于接受。特别是批评对方时，这种方法能收到事半功倍的效果。

11.对事不对人

凡事都要冷静对待，就事论事，绝不能带有个人偏见或成见。

12.礼轻情意重

恰当得体的一声问候、一件小礼物，就能唤起他人的亲切之感，拉近距离，为将来的愉快沟通做好铺垫。

每个人的性格、所处的工作环境不尽相同，所以，在与他人沟通时，应因人而采取不同的沟通方式。不论采用什么方式，都要保持清晰的思路，诚恳的态度，以求达到最理想的沟通效果。

第二章

良好的沟通是实现团队管理的保证

沟通可以解决大部分问题

领导者在工作中，时常会听到员工这样那样的抱怨：认为个人的工作成绩没有得到应有的承认和肯定；其合理化建议没有得到应有的重视和采纳；工作环境压抑、人际关系紧张、甚至一个办公室内彼此间不相往来……其实，这些抱怨都会严重影响员工的工作积极性和工作热情，从而影响到企业的效率和效益。这些抱怨究其根源均在于沟通不够、沟通无效或沟通存在障碍。

沟通是信息交流的重要手段，是管理的生命线，因此，对于企业领导者来说，沟通能力极为重要。领导者每天所做的大部分决策事务，都是围绕沟通这一核心问题展开的。领导者必须经常依赖员工的大力支持和合作，才能完成任务。有两个数字可以很直观地反映沟通在企业管理中的重要性，就是两个70%。

第一个70%是指企业的领导者有70%的时间用在沟通上。开会、谈判、谈话、做报告是最常见的沟通形式，撰写报告实际上是一种书面沟通的方式，对外各种拜访、约见也都是沟通的表现形式，领导者大约有70%的时间花在此类沟通上。

第二个70%是指企业中70%的问题是由于沟通障碍引起的。比如，企业常见的效率低下的问题，往往是有了问题后，大家没有沟通或不懂得沟通引起的。另外，企业里执行力差，领导力不强的问题，归根到底，都与沟通能力的欠缺有关。比如说领导者在绩效管理的问题上，经常对下属恨铁不成钢，年初设立的目标没有达到，工作过程中的一些期望也没有达到等。为什么下属达不到目标的情况会经常出现？在很多调研中都发现，下属对领导者的目的或者期望事先并不清楚，当然无法使其满意，也导致对年度的绩效评估不能接受。这不管是领导者表达的问题，还是下属倾听领会的问题，都是沟通造成的问题。

因此，卓越的沟通能力是领导者必备的素质之一。但是，现实中却有很多企业领导者不重视沟通管理，他们认为，领导者与被领导者之间不能有太多的平等，没有必要告之被领导者做事的理由。"民可使由之，不可使知之。"他们片面强调被领导者应无条件地服从，"理解的执行，不理解的也必须执行"，从而认为除了告知对方做什么、做到什么程度之外，再告之其他相关信息都是多余的，更不用说就对方的态度、情感，通过沟通达成理解和认同。

没有充分有效的沟通，员工不知道做事的意义，也不明白做事的价值，因而做事的积极性也就不可能高，创造性也就无法发挥出来。不知道为什么要做这个事，所以他也就不敢在做事的方式上进行创新，做事墨守成规，按习惯行事，必然效率低下。

一个希望有所作为的领导者，就绝不会轻视管理沟通工作。总结起来，沟通在管理中的作用主要有以下三点：

（1）良好的沟通是保证员工做好工作的前提。只有通过沟通让员工明白了他的工作目标要求、所要承担的责任、完成工作后的个人利益之后，才能使他确知做什么、做到什么程度，自己选择什么态度去做。

（2）良好的沟通是激发员工工作热情和积极性的一个重要方式。领导者与员工经常就其所承担的工作，以及他的工作与整个企业发展的联系进行沟通，员工就会受到鼓舞，就会使他感觉到自己受到的尊重和他工作本身的价值。这也就直接给员工带来了自我价值的满足，他们的工作热情和积极性就会自然而然地得到提升。

（3）良好的沟通是员工做好工作的一个保障。只有通过沟通，领导者才能准确、及时地把握员工的工作进展、工作难题，并及时为员工工作中的难题的解决提供支持和帮助。这有助于他的工作按照要求，及时、高质量地完成，进而保证整个单位、部门，乃至整个企业的工作协调进行。

良好的沟通能让人与人之间的了解变得畅通无阻，聪明的领导者会巧妙地利用沟通来增进对员工的了解。

选择正确的沟通渠道

一般而言，企业内部的沟通渠道不外乎两种。一种是正式沟通，另一种是非正式沟通。所谓正式沟通，就是通过固有的组织和结构按照规定的方式交流和传达信息。比如，传递公文、通知相关信息、召开会议和谈话等。这种沟通方式由于对信息的传达途径、格式及对象有具体性，所以这种沟通的优点是效果好、保密性高、有较强的约束力，但是，这种方法又有过于刻板，沟通的速度很慢，而且缺乏相应的反馈和互动的缺点。而非正式沟通，包括除了正式沟通之外的所有信息交流和传达方式。员工往往会通过非正式渠道获取和反馈很多信息，而企业如果能在此时进行合理的利用和疏导，就可以帮助企业领导者获得许多从正式渠道无法获得的信息，借此解决潜在的问题，从而在最大限度上提升企业的凝聚力。没有沟通，就没有成功的企业，企业内部良好而正确的沟通文化可以使所有员工真实地感受到沟通的快乐和绩效。加强企业内部的沟通管理，既可以使管理层工作更加轻松，也可以使普通员工大幅度提高工作绩效，同时还可以增强企业的凝聚力和竞争力。

错误的沟通渠道不仅不能让沟通顺畅，还会阻碍已有的沟通水平。因此，沟通渠道是否正确才是能否进行有效沟通的最大关键。

通过调查，沟通渠道的选择在表达信息的能力上会有差异。有的沟通渠道丰富性较强，能处理更多的信息，能及时提供反馈，而且极具人性化。比如面对面谈话，它能一次传递很多信息，并且能够迅速得到反馈。电话也是一种丰富性较强的渠道，但是它就没有面对面谈话来得丰富。再比如布告、一般的报告、电子邮件和备忘录等，它们的沟通都不够丰富。在现代信息经济时代背景下，网络沟通的渠道模式称得上是所有企业管理沟通渠道模式中一种较为理想的模式。企业在保持适合企业业务发展需要的组织管理结构下，向网络型管理沟通渠道模式靠近，从而使本企业适应经济信息化、知识化、全球化趋势，使企业的组织管理结构与管理沟通渠道具备更多网络型组织管理结构的特征，使企业能成为信息化企业。

研究结果显示，媒介的丰富性与过去10年内的组织趋势和方法相一致。越来越多的领导者利用会议的形式来沟通，同时走出与员工隔绝的办公室实行走动管理。但是无论是哪一种沟通渠道都有它存在的理由，正因为如此，才需要领导者在工作中能抓住一切机会，主动引导与下属的沟通，有意识地去促进成员之间信息交流的顺畅，重视和改善沟通管理，才能进行有效的沟通，创造出无限的价值。

用适当的方式让沉默寡言者开口

遇事闷头思考一言不发的人常被人们叫作"闷葫芦"，由于想得过多，以致很少甚至忘却了讲话，领导者遇到这样的员工常会感到头疼不已，甚至认为要让他们开口比让铁树开花还难。但其实，如果领导者使用适当的方式，就可以轻易打开"闷葫芦"。不但能让那些不善言辞的下属开口讲话，甚至是最沉默寡言、最害羞的人也会开口讲一长串话。除了能让不愿说话者开口之外，这些方法还有其他一些作用。打开"闷葫芦"的方法有五种，分别是：

1.赞扬加提问

即便是最害羞的人在听到赞扬时也会心花怒放。领导者要让不愿说话者知道，你很欣赏并感激他们所做的努力，认为他们的专业知识非常有价值。然后再让他们详细陈述他们的观点。领导者可以通过简短的提问暗示他们，只有那些有专业背景和知识的人才能回答这些问题。

哪怕是再沉默寡言、再吝啬词句的人，听到如此积极的反馈也会变得平易近人。因此在听的过程中，类似的"甜言蜜语"会使领导者得到想要的信息。

2.直截了当地提问

少言寡语者，即那些只说"是"或"不是"的人会觉得说话越少越自在。领导者应该利用而不是抵制这一特点。领导者可以利用他们吝惜语言的特点，先弄清自己究竟想知道什么，然后直截了当地提出只需回答"是"或"不是"的问题，或者提出只需回答一两句话的简短而切中要害的问题。

3.引发议论

只要有合适的鱼饵，再难钓的鱼也会上钩。为了让不愿说话者打破沉默，作为领导者的你要用容易引起争论的陈述或问题做鱼饵。你可以围绕你想了解的主题，很有礼貌地对下属提出疑问，或者就现有的理论提出反对意见。当自鸣得意的观点遇到挑战，或有机会拆穿一个广为流传的谬误时，很少有人会无动于衷。

4.不要打断他的话

一旦领导者想方设法让"闷葫芦"开口了，那就要赶紧把自己的嘴闭上。如果领导者在他们说话时插嘴，陈述看法，就会使他们有借口停止说话。而此时，要再想让他们开口会非常困难。即使领导者想到一个重要问题，或有什么高见，也不要急着说出来，要等到不愿说话者已经说完之后再把自己的见解说出来。

5.适当做出反馈

要想让"闷葫芦"继续讲话，领导者需要告诉他们，他们说的细节非常有趣、非常有价值，非常希望他们能继续说下去。但注意，不要用语言来鼓励他们，这只会让他们分心。

领导者要运用身体语言，通过看得见的信号对他们做出积极反馈。如同意时点点头，赞许时微微一笑等。并且要在对方说话时有意识地盯着他的眼睛，就好像他在说一件你从未听过的、有意思的事。如此一来，领导者就可以轻松打开"闷葫芦"，使沟通变得更顺畅了。

少说、多听、常点头

领导者拥有一副伶牙俐齿，"口吐莲花"，固然是一件好事。但是千万不要把这一本事用过了头，时时处处指手画脚，喋喋不休。常言道："会说的不如会听的。"当你与下属沟通时，若能灵活运用"少说、多听、常点头"这一处世良策，管住自己的嘴巴，竖起自己的耳朵，少说多听，就会让沟通更为顺利。

"少说"不但可以"导引"下属多说，还可以避免流露出自己的内心秘密，更可以避免说错话，让下属难堪。少说，你就成为一个冷静的旁观者，一切都会在你的掌握之中。

"多听"就是多听下属说，听下属的做事经验，听下属的人际恩怨，听下属话语透露出来的有关周围环境的信息……领导者多听，下属就会因此而多说；下属说得越多，领导者知道得就越多。

"常点头"，这并不是要领导者做个没有主见的应声虫，而是避免让下属认为你是一个高高在上只顾自己意见的人。也就是说，听下属说话时，领导者多点头，表示你的专注和附和，如果有不同意见，也要先点头再提出。无关紧要的事，不必坚持己见。这样，就没有走不通的道路。

"少说、多听、常点头"是沟通过程中一种非常好的方法，它一可以给人留下深藏不露、稳重含蓄的权威印象；二可以充分了解下情，掌握大量事实材料，有利于制定领导决策；三可以使你建立一个好人缘。

可见，领导者在与下属沟通时，管住自己的嘴巴，打开自己的耳朵是非常有利于沟通的办法。不过，要让"少说、多听、常点头"的沟通方式产生最大的效果，还应该努力遵守以下这些注意事项：

（1）对别人讲的话要感兴趣，要充分地关注对方。当你在听下属对你讲话时，要全神贯注。

（2）看着对方说话。你不要在房间里东张西望，或是看地板，或是望窗外。如果你的眼睛转来转去，这也表明你的心思也会是这样的。

（3）防止走神。要一心一意地注意下属在说什么。

（4）不要被个人好恶所支配。有时你可能不喜欢某人说话的方式，或是不喜欢某人的说话声音。这些偏见可能使你听不进正确的意见。作为领导者，你需要正确地理解意见交流中的内容，不应该让个人好恶妨碍你。

（5）努力理解难懂的想法或材料，不要回避难于领会的东西。

（6）努力理解对方言辞及其含意。仅仅懂得事实还不够，既要用耳朵去听，还要用心去听，这样才能明白别人说话的真正含意。

（7）提问题不要犹豫。要确保自已理解他人正在说的话。不要因外部干扰（如机器噪音，电话铃声，或别人向你打招呼）而漏过了话中的含义。当这种分心的事情确实打扰了你的时候，不要怕问问题。下属往往觉得与你谈话非常重要，因此，他们欢迎你表示兴趣和关心。

（8）不要轻易下结论。听取并接受下属所讲的话，要用心去听下属的言语和想法，不要轻易下结论或者准备反驳。

多一些鼓励，少一些批评

无论年龄长幼，贫富贵贱，爱听鼓励的话是人的天性。然而在企业中，当员工工作执行不到位、消极怠工或者犯错误时，不少领导者都喜欢通过批评员工来树权威、耍威风，更有甚者，还喜欢在员工犯错误时发脾气，殊不知这样弊远大于利。一味用批评和尖锐的意见面对员工，很多时候会扼杀员工的创新性，使员工产生挫折感。批评往往会使自己情绪恶化，员工会因此而产生逆反心理，会消极怠工，更会破坏工作场所的氛围。而且对于领导者而言，他们也会被认为是不合群、人际关系有问题。批评只是管理的手段而不是目的。光靠批评不仅无助于问题的解决，还会使问题恶化。员工在接受批评后会产生紧张感、挫折感，而这些负面情绪都不利于问题的最终解决。

员工犯错后，领导者应该做的是向员工提出解决问题的建议，避免他以后再犯。很多时候，新进员工犯错误都是由于领导者没有给他们正确的建议。

当然，这里说领导者应多些鼓励和建议，并不意味着对员工的错误视而不见。有时候，批评也是必需的，只是批评也要有艺术。

比如，如果一个员工之前的工作表现都很好，但是后来却怎么都没有办法达到领导者的要求。这时候批评就有必要了，但是作为一名领导者，如何批评才不会起反作用呢？

作为领导者，如果对员工提出质疑说："你是怎么搞的，为什么没有把事情做好？"那在员工看来，就很可能会认为领导者讨厌自己，而不能就事论事。所以，一名优秀的领导者，在批评时一定要注意四点。

（1）要跟员工讲清楚事实，比如："你这份企划书，为什么没有按时交给我？"

（2）要明确告诉员工你自己的感觉，比如告诉员工："我对你现在的表现很失望。"

（3）领导者要明确自己的管理目标，让员工接收到肯定的词汇，而不是否定的词汇，比如：不说"你以后交企划不要迟到"而说"我希望你以后能按时交企划"。

（4）要运用"说服的艺术"。也就是用建议的方法而不是用意见。要说服员工做事，要让员工有自己判断的机会，所谓"晓之以理，动之以情"就是这个道理，要让员工知道你的建议是正确的。你不是在对员工的行为挑刺，指出他的错误，要让员工认识到自己的问题，并选择正确的方式解决问题。

在企业管理中，领导者要做的是多些鼓励与建议，少些批评与意见。如果领导者能用真诚的鼓励和正确的建议对待员工，特别是一些有知识、有文化、有思想的员工，那么企业的管理水平肯定会有一个质的飞跃，员工在这种激励下能增强工作的信心，就可以在保证质量的情况下超额完成任务。一个聪明的领导者会从员工的立场出发，采用最恰当的方式，让员工接受并乐于服从自己的建议。

乐意听取下属的抱怨

在管理过程中，每一个领导者都难免会面临下属抱怨满腹的状况。每个下属的利益需求不同，看问题的角度也不同。就算领导者做出的正确决策是为下属着想的，也还是会招来非议，引来很多抱怨。

如何对待下属的抱怨，考验着领导者的胸襟度量与管理水平。在有水平的领导者眼中，下属的抱怨是再正常不过的事情，甚至还是一件好事情，因为在他们看来，抱怨在一定程度上反映了员工们对公司各方面的看法，也是一种非正规的反馈渠道。他们可以根据员工们的抱怨反观自己的工作，并相应地做出调整。

而且从另一个角度讲，抱怨有时也会变成动力，因为首先要不满于现状，然后才能谈得上对现状的改变。其实，员工的抱怨就好比是化解冲突的安全活塞。我们都知道，在压力容器上，比如高压锅上就一定会有个安全活塞，一旦压力高于承受力时，活塞就会自动排气，以防高压锅爆炸。下属的抱怨与此类似，能让不满情绪排泄掉，这就有利于避免上下级之间矛盾激化的现象出现。

这就是管理学中著名的"霍桑效应"：让员工发泄自己的情绪，虽然抱怨的内容不一定是正确的，但认真对待抱怨却总是正确的。抱怨是改变不合理现状的催化剂。由此可见，领导者对待抱怨的原则是：宜疏不宜堵。堵则气滞，抱怨升级；疏则气顺，心平气和，情绪高涨，下属的工作积极性和主动性自然提高，精神面貌为之焕然一新。领导者需要思考的不是杜绝抱怨或者压制抱怨，而是如何让抱怨更适当地发泄出来，达到化抱怨为工作动力的目的。

领导者在管理上的成功，不是做得让下属没有一句抱怨，也不是利用权力强行禁止下属抱怨，而是能正确对待下属的抱怨，善于化解抱怨。

在美国的一些企业中，有一种叫作"发泄日"的制度，即每个月专门划出一天供员工发泄不满。在这天，员工可以对公司同事和上级直抒胸臆，开玩笑、顶撞都是被允许的，领导者不许就此迁怒于人。

员工宣泄不满，有所抱怨是正常现象，但是领导者也不能任由员工发泄而不予理睬，不想办法化解。面对员工的抱怨，领导者应该学好下面这几招：

（1）不能忽视。领导者面对下属的抱怨不能充耳不闻、视而不见，须知等到小抱怨变成大仇恨就会后悔晚矣！

（2）严肃对待。有句话说得好："千里之堤，溃于蚁穴。"任由抱怨泛滥而不加理睬，就会毁了企业的基业，因此领导者要怀着如履薄冰的心情来认真对待。

（3）认真倾听。领导者应该认真地倾听下属的抱怨，并从中找到抱怨产生的真正原因。

（4）承认错误。领导者主动承认自己的失误并道歉，这是让抱怨最快消失的办法。

（5）不能发火。抱怨的下属本来就一肚子的火，领导者如果再发火只能激化矛盾。

（6）掌握事实。领导者只有把事实了解清楚了，才可能制定出正确的对策。

（7）别兜圈子。领导者正面答复下属的抱怨时，要具体而明确，要触及问题的核心。

（8）解释原因。如果下属的抱怨只是误会，那么只要耐心地摆事实、讲道理，下属就会理解的。

（9）不偏不倚。涉及下属之间的矛盾，公平处理最重要。

（10）表示感谢。下属抱怨说明他对工作负责、对团队关心，如此不该感谢吗？

（11）敞开大门。领导者应该对下属永远敞开沟通的大门，要让他们随时能找到你。

沟通是心灵的对话，是情感的交流。有效的沟通是管理成功的关键，这早已不是秘密。特别是在对待下属的意见、批评、抱怨这些负面情绪方面，如果领导者能与下属坦诚相见、沟通得好，就能形成战无不胜的凝聚力、战斗力和创造力！

广开言路，听取反对呼声

"智者千虑，必有一失；愚者千虑，必有一得。"再精明强干的领导者，也难免有失误的时候。因此，作为一个领导者，统率一个集体，管理一群人时，不能独断专行，大家的事要发动大家想办法，大家来做。这样，领导者不能总是听"好话"，更多的时候要听听周围人的反对呼声。反对的话虽然刺耳，但其中往往蕴含着真理，蕴含着合理化的建议，于人生有益，于事业有益，一如带刺的仙人掌，摸之刺手，用之却有巨大的药效。所以，对于领导者来说，正面意见要听，反面意见也要听。

对于下属的反对意见，最重要的是倾听，并尝试猜测他接下来要说什么。领导者有必要让自己潜意识的情感指出大脑漏掉了哪些信息。如果下属说的某些东西让自己强烈地感到"错了"。"非常正确"或其他感受，而没有留意他究竟说了些什么，那么请仔细回忆一下一两分钟前发生了什么，很可能大脑并没有注意到。下属提出反对意见，领导者不妨这样应对：

1.当对方提出反对意见时，首先应辨清它属于哪一种形式

区别对方反对意见最简单的办法是提问。如"你这样讲的根据是什么呢？"对方提出的反对意见理由越不充足，就越会觉得你的问题难以回答。你从他的回答里了解的情况越多，就越可能发现他提出反对意见的真正目的，并及时对症下药，予以消除。

如果下属的反对意见是从偏见或成见出发，那你就不必急于

反驳，尽量寻找形成其偏见的根源。然后，以此为突破口，证明他的见解不符合客观实际。如果他只是一般性地反对你的提议或者找借口，你也不要过于认真，只要恰如其分地解释就可以了。

2.把握好回答反对意见的最佳时机

在应对下属的反对意见时，时机是一个非常重要的因素。这不仅有利于避免矛盾冲突，还会增加说服效果。当对方在仔细审议某项条款，可能提出某种意见时，你可以早一步把问题指出来。这样，就可以避免在纠正对方看法时可能发生的争论，并引导对方按你的想法、思路去理解问题。如果对方提出的问题有一定难度，或是不适合立即回答，那么你也可以把问题岔开，待你准备好了或感到时机成熟时，再给予回答。否则，匆忙反驳对方的意见，会使对方再提出其他意见。当然，也会有一些意见，会随着业务的进展逐渐消失，这时，你可以不必回答。

3.冷静、谨慎、平和地回答下属的反对意见

如果你带着愤懑的口吻回答下属的问题，那么下属就会认为你讨厌他的意见，对他有不好的看法。这样，你要想说服他就更困难了。所以，回答下属时，平和、友好、措辞得当是十分必要的。

4.回答问题时要简明扼要，不要离题太远

如果你回答得啰唆烦琐，就很可能会引起对方的反感。一般地，你回答了下属提出疑问的疑点就行了，必要时，再加适当的解释和说明。

5.间接反驳下属的意见

有时直截了当地驳斥下属容易伤害到他，使他丢面子，所

以间接反驳、提示、暗示都比较好。在任何情况下，避免正面冲突，采取迂回前进的办法都是可取的。

不要对员工傲慢

领导者高抬着脑袋，用不屑的眼神扫过员工的脸孔，用透着鼻音的不屑音调跟员工沟通，不难想象结果如何。如此傲慢，得到的只是员工的怒气和反感。想让员工对自己说的话有所反应，就要收起这种傲慢，让自己先对员工的话有所反应。这就好比在别人说了一个笑话时，不管这个笑话好不好笑或者是否听过这个笑话，领导者都应该尽量报以真诚的微笑，这才是最合适的反应。

领导者对员工的行为及时做出反应就必须做到以下三点：

1.要合乎时宜

领导者对员工的行为做出反应要相机行事。如果员工刚刚受到挫折，那么领导者可以通过赞美来激励其斗志。但是如果员工取得了一些成就，已经被赞美声包围并对赞美产生抵触情绪时，为避免他骄傲，领导者应该给他泼些冷水，而不是一味赞美。

2.要雪中送炭

在日常生活中，难免会遇到挫折。而人们却往往只记得把最真诚的赞美给予那些功成名就的胜利者，然而这种胜利者毕竟是极少数，大多数人都是平凡普通的人，随时都可能遭受挫折。领导者所需要面对的人，很大程度上都是这类人。

因此领导者对员工的反应很可能对于他来说是雪中送炭。领导者适时地对员工做出反应，往往能够让他们把领导者当作知心朋友来对待。

3.要谦虚做事

领导者在进行管理的过程中，千万不要存在任何的优越感。领导者必须谦虚地做事情，即使自己取得了很大的成就，也要牢记这些成就是与员工们的努力分不开的，因此领导者不应该有优越于员工的表现。

用一种居高临下的姿态与员工交谈会让领导者很快陷入不利的境地，进而失去交往的机会。领导者并不比员工优越，在整个管理过程中，领导者必须和员工形成良好的关系才能将管理工作做好。

一些领导者认为自己的能力十分突出，甚至觉得自己的能力完全可以掩盖员工的能力，于是在管理的过程中，总是喜欢滔滔不绝地发表意见，不断地和员工争辩甚至反驳员工的意见，这些都是认为自己有优越感的表现。殊不知真正决定管理是否有效的不是领导者的优越感，而是员工的配合。优越感太强的领导者是很难得到员工的认同的。

优越感太强的人往往容易虚荣，这样的领导者往往会制造出种种成绩来维护自己的优越感，以便将这种"比别人优越"的假象永远保持下去。殊不知在这种假象面前，他已经失去了员工的信任。

何时需要说服，何时需要命令

领导者在工作交流过程中对下属用得最多的方式，一是说服，二是命令。

说服就是恳切地引导对方按自己的意图办事的过程。说服有两种不同的结局：一是"说而服之"，二是"说而不服"。命令则是上级通过直接对下属发出行政指令的方式来完成工作部署和安排，具有强制性，没有商量的余地。

说到"命令"，人们很容易就会想起"军令如山"这句话。领导者下了命令，下属就不得不从。这一方式直截了当，有可能带来高效率。如果领导者认为某一项工作或决策必须得到贯彻执行，没有讨论的余地，则必须直截了当地发出"命令"，要求下属按章执行；其次，如果针对某一事项的讨论陷入僵持，无法达成统一意见时，通过命令的方式来结束讨论或许会是一个合适的选择。

再说说"说服"。生活中，人们看待问题的角度、解决问题的方法不尽相同，领导者要让下属重视自己的建议和忠告，就必须说服他理解和接受自己的观点，这样下属才能全心全意地去完成工作。

其实，"说服"和"命令"反映的是领导者不同的两种管理风格。一般来说，领导者针对下属成熟度的四种情景，即不成熟、初步成熟、比较成熟和成熟分别采用四种不同的管理风格。

（1）不成熟——命令式：这种管理方式的要点是进行详细的指示和管理。告诉下属应该干什么、怎么干以及何时何地去干。

（2）初步成熟——说服式：在传达指示之后进行说服并让下属思索具体方法，但重要部分必须按指令执行。

（3）比较成熟——参与式：和下属交换意见，充分协商，共同决策，推动下属执行。

（4）成熟——授权式：明确表示期望的结果，具体执行方案全部交给下属去办理。

在管理过程中，当下属的成熟水平不断提高时，领导者可以不断减少对下属行为和活动的控制，不断减少干预行为。

在领导说服下属的过程当中，有许多值得注意的地方。

1.调节气氛，动之以情

在说服时，要想方设法调节谈话的气氛。和颜悦色地用提问的方式代替命令，并给人以维护自尊和荣誉的机会，气氛就会是友好而和谐的，说服也就容易成功；反之，在说服时不尊重他人，摆出一副盛气凌人的架势，那么说服多半是要失败的。

2.善意威胁，消除防范

很多领导者都知道用威胁的方法可以增强说服力，而且还不时地运用它。威胁能够增强说服力，但是，在具体运用时要注意态度友善，讲清后果，说明道理，适度威胁，消除防范。

3.投其所好，以心换心

站在下属的立场上分析问题，给他一种为他着想的感觉，这种投其所好的技巧常常具有极强的说服力。要做到这一点，知己知彼非常重要，唯先知彼，而后方能从对方立场上考虑问题。

4.寻求一致，引起共鸣

习惯于顽固拒绝他人说服的人，经常都处于"不"的心理状态之中，对付这种人，要努力寻找与对方一致的地方，先让对方赞同你远离主题的意见，从而使其对你的话感兴趣，而后再想法将意见引入话题，最终达到求得对方同意的目的。

但至今许多领导者仍认为以命令方式去指挥下属办事最快、效率最高，习惯于向下属发出各种各样的命令。人对命令多是反感的，一个经常用命令语气说话的领导容易被大家列入讨厌者的行列。但当确实需要用命令来向下属分配任务时，要注意几个方面。

首先，要注意下达命令的时候寻找最合适的气氛，比较重大严肃的任务要在庄重的场合下提出；

其次，要注意下达命令的合理性，命令表达要清楚、明确；

最后，在给下属下命令的时候要给下属提问的时间，让下属多问几个为什么，让他们对于新的任务有更多的了解，从而有益于任务的完成。

在工作中，让全体成员都围绕共同、明确而清晰的目标而努力是非常重要的。领导者需要有目的地引起组织成员思想的共鸣，比口号更重要的也许是灌输目标的方法和过程，这需要领导者多动脑筋，在实践中不断提高说服和命令的技巧。

恰到好处地运用身体语言

领导者在与员工沟通的过程中，除了用有声语言外，还可以充分利用身体语言。凡是通过手势、姿态、眼色和面部表情来进行信息传递、思想沟通、感情交流的活动方式，都是身体语言。身体语言虽然并不是由口腔发出声音的语言，但是在沟通过程中却可以起到极大的辅助作用。领导者要实施自己的管理行为，准确有效地表达自己的意向和感情，就必然运用身体语言。这里我们着重介绍面部和手部的身体语言。

1.微笑

据统计，微笑是所有的交际语言中最有感染力的身体语言，是放之四海而皆准的人际交往语。领导者在交往中要学会笑，笑暖人心，又能体谅人心，给人以幸福感、自由感。

往往一个微笑就能令人如沐春风，放松神经，表达出你的善意、愉悦，缩短与员工之间的距离。因此有人说微笑是最廉价的宝物，它常常会让人有意外的收获。微笑就像一种情绪的调和剂，更是沟通过程中的一种润滑剂。但是领导者在运用微笑传情达意的时候，要注意做到以下几点：

（1）笑得真诚。

微笑既是自己愉快心情的外露，也是纯真之情的奉送。真诚的微笑让对方内心产生温暖，有时候还可能引起对方的共鸣，使之陶醉在欢乐之中，加深双方的友情。

（2）笑得自然。

微笑是发自内心的，是美好心灵的外现。要笑得自然，笑得亲切，笑得美好、得体。要注意不能为笑而笑，没笑装笑。

（3）笑的对象要合适。

对不同的沟通对象，应使用不同含义的微笑，传达不同的感情。不然，难免会有适得其反的情况出现。

（4）笑的程度要合适。

微笑是向对方表示一种礼节和尊重。但是如果不注意程度，微笑得放肆、过分、没有节制，就会有失身份，引起对方的反感。

（5）要笑在合适的场合。

对人微笑要看场合，否则就会适得其反。当你出席一个庄严的集会，或是讨论重大的政治问题，自然不宜微笑。当你同对方谈论一个严肃的话题，或者告知对方一个不幸的消息时，或者是你的谈话让对方感到不快时，也不应该微笑，或者要及时收起微笑。

2.巧用手势

在与下属沟通时，领导者除了要有自然流利的口才外，还要有与之相配合的体态和手势。手势的妙用在沟通中具有独特的作用，手势的运用是否恰当，会直接或间接地给语言以不同的影响。恰到好处的手势会让你的语言更具有说服力，也会使你的个人形象更具魅力。

经验表明，手势的运用也要恰到好处才能发挥作用。一般而言，手势是内在情感的自然表露，而不应是生硬的做作。做手势是为了帮助表情达意，如果达不到这个目的，就是画蛇添足、毫无意义了。有的领导者认为有手势比没有手势好，手势多比手势少好，何况手势还可以掩饰自己紧张的情绪。这其实是一种误解，令人眼花缭乱的手势只能显露出自己的慌乱和无礼，毫无意义。

一些人认为："为了强调某个重要的观点，手势能缩短你和听众之间的距离。"领导者说话时采用的手势应与谈话的主题相适应，打手势也要注意空间的大小。而且，领导者应该明确对方手势的含义：手指敲桌子可以表示谢谢；平掌摇动通常表示不同意；双手搓动可表示高兴或着急。

领导者亦可以在谈话中借助手势加强语意。不过打手势时切忌幅度过大，过于夸张。

手势有多种复杂的含义。手向上、向前、向内时往往表达希望、成功、肯定等积极意义的内容；手向下、向后、向外，往往表达批判、蔑视、否定等消极意义的内容，如空中劈掌表示坚决果断，手指微摇表示蔑视或无所谓，双手摊开表示无可奈何，右手紧握拳头从上劈下表示愤慨、决心等。

关于手摆放的位置，一些专家还特意设计了不同的方案，不过在运用时，不能太拘泥，只要自然得体就可以了。但是切忌把手插到衣袋里，显得对人不尊重，而自己也好像被捆住了一样。以下是几种常见的手势，供参考：

（1）仰手式。

即掌心向上，拇指张开，其余几指微曲。手部抬高表示欢欣赞美、申请祈求；手部放平表示诚恳地征求下属的意见，取得支持。

（2）推手式。

即指尖向上、并拢，掌心向外推出。这种手势常表示排除众议，显示坚决和力量。

（3）覆手式。

即掌心向下，手指状态同上，这是审慎的提醒手势，能抑制听众的情绪，进而达到控制场面的目的，也可表示否认、反对等。

（4）包手式。

即五个手指尖接触，指尖向上，就像一个收紧了开口的钱包。这种手势一般是强调主题和重要观点，在遇到具有探讨性的问题时使用。

（5）切手式。

即手掌挺直全部展开，手指并拢，像一把斧子劈下，表示果断、坚决、快刀斩乱麻等。

（6）啄手式。

即手指并拢呈簸箕形，指尖向着听众。这种手势具有强烈的针对性、指示性，但也容易形成挑衅性、威胁性，一般不要过多使用。

（7）伸指式。

即指头向上，单伸食指表示专门指某人、某事、某意，或引起听众注意；单伸拇指表示自豪或称赞；数指并伸表示数量、对比等。

（8）握拳式。

即五指收拢，紧握拳头。这种手势有时表示示威、报复；有时表示激动的感情、坚决的态度、必定要实现的愿望。

（9）抚身式。

即用手抚摸自己身体的一部分。双手自抚表示深思谦逊、诚恳；以手抚胸表示反躬自问；以手抚头，表示懊恼、回忆等。

另外，手臂的动作也可以是一种语言暗示。手臂交叉表防御；手臂交叉握拳表敌对；手臂交叉放掌表示有点儿紧张并在努力控制情绪；一只手握另一只手上臂，另外一只手下垂表示缺乏自信，等等。

记住员工的姓名

俗话说："贵人多忘事。"忘记了他人的名字实际上是令人十分尴尬的事，当被遗忘者说出这句俗话时，似乎他不挑理，其实，心里难免会有被轻视的感觉。

希望自己的名字被别人记住是每个人内心潜在的渴望。当你向别人报出自己的姓名时，当时没有人会把对方是否记住了自己的名字当回事，但如果过了几天对方再次与你相遇，并肯定地叫出你的名字，你会感到内心有一种难以言说的喜悦感，并一下子与对方的距离拉得很近。

一个领导者能准确地记住并叫出下属的名字，是对下属的尊重和赞赏，能迅速拉近上下级之间心与心的距离。

对很多人来说，记住下属的姓名，并不是一件轻而易举的事，这需要下一点儿功夫，还得有一套方法。想记住大量名字，要掌握以下几点：

1.初次见面时就要聚精会神地记在心里

当下属介绍姓名时，要聚精会神，并记在心里。有的领导者虽然主动问下属的姓名，但下属介绍时却又显得心不在焉，不到一会儿，就已经忘记了他是谁了！有的人记忆力强，有的人记忆力差一点儿，这是事实。如果记忆力差，可以直接告诉下属："对不起，我没有听清楚。"让他再说一遍，加深记忆。还可以在逐字听的时候，用每个字造一个词或者一个词组，帮助加深记忆。

2.记住每个下属的特征

人有多方面的特征，有外形的特征，如眼睛特别大、胡子特别多、前额很突出等；有职业上的特征，如他最擅长某一项技术，在某一项技术、学识上有受人称道的雅号等；名字上的特征，有的名字故意用些生僻的字，或者很少用来做名字的字，有的名字与某几个人的名字完全相同，这本来是没有特征的，但可把"同名共姓"作为一个特征，再把他们区别开来就容易了。只要记住他在外貌、职业、特长、爱好这些方面的与众不同之处，然后把名字与这些特征联系起来，这样就能对号入座，避免张冠李戴。

3.多与下属接触

百闻不如一见。有不少领导者，一有时间就深入到基层，同他的下属或一起干活，或一起玩乐，或促膝谈心，或共商良策。这样的领导者不但能叫出下属的名字，还能摸清下属的脾气性格。

能轻松叫出对方的名字，既在尊重对方的同时，又能受到对方的尊重和爱戴。人受到别人的尊重时也会对对方产生尊重。领导者更多的是要与普通职工相接触，记住对方名字，也是平易近人的一种体现，少一些官架子，自然会得到他人的更多尊重，并且还能让下属对自己产生爱戴之情。

4.准备一个小本子

如果是尊贵的客人，切不可当面拿出小本来，只能背后再记。但对下属，你可以说："我记忆力差，请让我记下来。"下属不但不会讨厌，还会产生一种被尊重感，因为你真心实意想记住他的名字。为了防止以后翻到名字也回忆不起来，除了记下名字以外，还要把基本情况如单位、性别、年龄等记下来。这个小本要经常翻阅，一边翻一边回忆那一次会见此人时的情景，这样，三年五载以后再碰到此人，你也可以叫出他的名字来。

如果连名字都不记住，领导者对下属的赞赏又从何谈起呢？何况，记住名字这件事本身就是对下属的赞赏。正如卡耐基所说："记住别人的姓名并容易地叫出来，即是对他进行了巧妙而有效的赞赏。"

沟通需要从最小处做起

领导者与下属创造良好的人际关系的方法有很多种。虽然一些微小平常的事情会让人觉得微不足道，但有时却会起到举足轻重的作用。下面就简单介绍一下：

1.好意地接近下属

领导者讨厌下属，那么下属也不会对领导者有什么好印象。领导者喜欢亲近下属，下属也会乐于接近领导者。

2.不要忘了打招呼

上班时，如果领导者主动向下属打招呼，那一定是下属精神百倍、工作情绪高昂的主要原因之一。

3.回答要妥当

当对方把想说的"事"、想传达的"事"投过来给你时，领导者有必要接受这些"事"并经过处理再还给对方。当下属有问题或跟你打招呼时，你有必要用心回答。

4.花点儿时间与下属谈笑

很多人认为在工作时谈笑并没有什么好处，但是，当工作碰到困难、阻碍时，人们难免会想找人吐一下苦水。这时候，领导者可以说："我的头脑现在缺氧，反应迟钝，大家喝一杯咖啡、聊一下天如何？"缓和一下办公室的气氛，让大家恢复精神再工作。

午休时和下属闲聊，下班后邀约下属出去小聚一下，大家发发牢骚抬抬杠，可以缓解上班工作的紧张心情，加强彼此同为伙伴的情结，强化大家的协作意识。

5.收集相关信息及话题

身为领导者，必须切实掌握社会动态、时事和最新信息，保持员工的高度兴趣，因此平常就要用心于话题的收集。

所以在听别人说话时要很认真地聆听，平时也要为了自身的教养、知识而多看书，多关注电视上的体育、艺术、综艺节目等，这都是和他人闲聊时的话题。

同时还要养成随时随地记笔记的习惯，不管是和别人的谈话、读书的内容摘要、从媒体中所获得的资料、亲身的体验心得等，都可以记在笔记本中作为备忘录。

领导者在与下属沟通时，往往需要从最小处做起。有句话叫："最伟大的事都是从最小的地方累积而成。"领导者从最小的地方做起并做好，才会在与下属沟通交往中获得最大的收益。

第三章

领导者的沟通艺术

声音，你的名片

作为领导，对员工讲话、进行商业活动或政治谈判，无一能离开声音的表达。从某种程度上说，声音就是你的名片。

一个饱满的、充满活力的声音，可以给人以权威感和信任感。然而很多领导很容易忽视自己的声音这张名片，正如英国首相格莱斯顿所说："99%的人不能出类拔萃是因为他们忽略了对嗓音的训练。他们认为这种训练不具有任何意义。"

心理学家的研究表明，人与人之间的交流58%通过视觉，35%通过听觉，只有7%是通过我们实际的讲话内容来实现的。想一想，如果一个领导一讲话就发出让人头痛的刺耳的声音，不但没有魅力，反而让人感到不舒服，甚至反感，这样又怎能让大家以稳定的心境听完他的演讲呢？又怎能让人们爱戴他、尊重他呢？特别是在没见面的情况下，声音占交流效果的90%，因为通过声音，他人可以判断出你是热情、诚恳还是冷酷、狡猾。宽厚、低沉的声音让人感到有权威、可信、可靠。在电话沟通中，他人往往通过对领导声音的印象来判断你的气质、公司的性质等。那种沉稳的声音，让人感到公司有信誉、可靠，从而更愿意与你合作。

所以无论在什么时候，作为领导，都要注意打造完美的声音名片，让你更富有领导权威。

作为领导，打造声音名片的语言思维训练

1.语调抑扬顿挫

对自己所讲的话题充满激情，平淡、乏味的语调容易让人打瞌睡。

2.声调不要太尖或太低

高、尖的声调会刺激别人的神经，让人头痛；有气无力、软绵绵的低沉的声调让人忧伤。

3.音量适中

太大的音量有咄咄逼人的蛮横感，容易惹恼对方；太小的音量不但别人听起来费劲，还显得没有权威感。

4.语速适中

太快了容易让人听不明白，显得你不稳重；太慢了则容易让人失去耐心。可以模仿电视台播音员的语速。

5.学好普通话

努力克服方言。人们心里对说方言的人有一种潜意识的排斥。如果你的话语里面带有浓重而难懂的方言，往往会影响你与员工的交流，甚至有损你的权威性。

6.用准确精练的语言

要尽量避免口头语、不规范的语言。

控制你的语速

根据心理学家的研究，说话的快慢节奏与人的气质有很大的关系。说话非常冲动、喋喋不休地说个不停的人，往往做起事来也比较容易冲动。相反，说话犹豫不决、吞吞吐吐，甚至有些咬文嚼字的人，做起事来也往往是瞻前顾后、首鼠两端、动作迟缓。作为领导，整个公司的命运操纵在你的手里，以上两种情况当然要避免。说话的时候应控制自己的语速，不徐不疾。

作为领导，你与员工进行交谈，主要目的就是与员工沟通，希望他能够接受你的信息，按照你的意思去完成工作。而在此过程中，对员工接受信息的质量影响最大的就是你说话的语速了。语言交流不是单向的，而是一个相互循环的过程。你把自己的指示传达给员工，员工收到你的指示，但是他们接受没有，却不得而知，这也正是沟通是否有效的关键。因为员工在收到你的指示的同时还要有个思考过程，虽然这个过程很迅速，但是，如果你说话的速度太快，遇到思考和反应速度稍微慢一些的员工，交流效果就会很糟糕。即使员工能够跟得上你说话的速度，听后也会感到很累；如果你的语速太慢，就会让听你讲话的员工很着急，有损你作为领导的形象。相反，如果你的语速有一定的节律，不太快，并且中间给员工的大脑一定的休息空间，这样的交流效果就会很好。所以，作为领导，说话时注意上下句之间的停顿，不仅可以使自己有思考下一句的时间，避免一些口误，也可以给员工思考和理解的时间。

在办公室里，你很容易见到这样两种人：一种是说话的语速极快，几乎没有停顿，一直说个没完；一种是说话不紧不慢，从容自如。有经验的人只要根据他们的语速就可以判断出前者是员工，后者是领导。大凡领导即使在说话的时候也能保持领导的风度，通过语速体现领导的权威，所以作为领导，一定要控制住语速。如果你的语速太快或者太慢都要注意及时纠正。那么如何才能做到这一点呢？

如果把握好说话的语速，那么员工即使不是很理解你说话的内容，你的语速也能告诉他们你所表达的情感。因此，在说话时，语速的运用和处理起着很重要的作用。作为领导，掌握说话艺术就必须注意你的语速，做到"轻、重、缓、急"有度。

1.轻。在说话时，一般表达平静、回忆、悲伤、缅怀的感情。

2.重。在说话时，一般表达紧张、急剧、斥责、愤怒的感情。重音在语言表达中是一张"王牌"，准确地运用重音，对于增强语言的表达效果十分重要。重音一般分语句重音和感情重音两种。

语句重音，一般不太重，只不过是在原来词的音量上稍稍加重而已。但是，同样一句话，重音落的位置不同，这句话的意思也会不同。

3.缓。在说话时，一般叙述平静、严肃、回忆的场面，表现悲伤、沉痛、缅怀的感情。

4.急。一般叙述紧张、急剧、斥责、欢快的情节，说得比较快。

在说话时，要做到当轻则轻，当重则重，当缓则缓，当急则急。轻重缓急变化使用，让自己的语速有节奏感，铿锵有力，听起来让人感到舒服。

当然谈到语速就不能不说到与之密切相关的声调"抑、扬、顿、挫"。

1.抑。在说话时，一般表现低沉、哀伤、回忆、忧愁的情感，多用压抑的声调。

2.扬。一般表现高亢、兴奋、欢乐、激动的情感，多用高扬的声调。

3.顿。表现换气、重点等，多用停顿。说话时为了突出某一重点，在此之前，短暂停顿一下。

4.挫。有时为了强调、突出某一点，使音调突然降低。

在说话时，做到轻重缓急、抑扬顿挫，就会使你的语言表达感情充沛，以情动人。

虽然控制语速并不难，但是却很重要。哪一个喋喋不休的女人，能表现出迷人的风韵？哪个夸夸其谈的男人，又能表现出领导的风采？紧张当中要有节奏，忙碌当中要有休闲。绘画时，在紧密当中要留个空白；歌唱时，在段落之间要吸口气。天下的道理其实都一样。就像爬山，别一直往前冲，走一段总要喘口气。如果你一个劲儿地念稿子，中间没有明显的顿挫，就会让人觉得气急。相反的，你可以讲得很快，但是如果遇到专有名词或者需要强调的地方都能稍稍放缓一点儿，在段落与段落之间都稍微做个停顿，或者轻轻点个头，微笑一下，听众就会觉得你很从容。

所以作为领导，在说话的时候切忌过快或者过慢。长时间说话过快会使员工感到烦躁，员工不容易全面细致地了解你谈话的内容，难以理解你谈话的某些言外之意；而说话太慢，则员工注意力无法集中，精神提不起来，达不到理想的效果。在说话时语速要做到快慢恰到好处，缓急适度，快而不乱，慢而不拖，快中有慢，慢中有快，张弛自然，错落有致。这样，便能显示出语言的清晰度和节奏感，使自己说的话不仅可以吸引员工注意力，更可以达到意想不到的谈话效果。

作为领导，控制语速的语言思维训练

1.将自己说的话录下来，揣摩语速是否需要改进

2.新闻播音员的语速

3.成功领导人说话或者演讲的语速

4.自我训练

通过自我训练让自己说话的语速快慢有致。具体方法是：找一篇300字的文章，分别按以下三种速度进行训练：300字/90秒；300字/60秒；300字/45秒。进行朗读时，无论语速如何，都要注意吐字清晰圆润，尽可能符合所读文章的情感要求和逻辑要求。

妥当地说话

正如俗话所说："到什么山唱什么歌。"作为领导，你在说话的时候尤其应当如此。同一句话，在有些场合很合适，但是在其他场合就可能让你闹笑话，甚至陷入尴尬的局面。你的讲话一定要符合当时的场合，你一定要清楚对方的思想感情状况。什么

话该说，什么话不该说，说到什么程度，怎么说，都要视不同的场合、不同的倾听对象而定。

领导妥当地说话要注意区分几个不同的场合：

1.内部人员与有外人在场

有没有外人在场，你对员工所说的话可能会有很大的差别。或许你会经常对你的员工说"关起门来说话"，当员工听到这句话时，很快就会领会到你的意思：你没有把他们当作外人，而是把他们当作自己人。他们对你的信任与尊重就会在无形之中得到加强，这时候什么事情都好商量。特别是在外人面前，千万不要批评员工，虽然你可能认为这能展示自己的权威，而实际上在他人眼里，这恰好是你没有权威的表现——如果你有权威，说一句就可以了，还用得着批评员工吗？

2.正式场合与私下谈话

作为领导，在正式场合说话应当严肃认真，事先考虑周全，不能毫无章法地乱扯一气。在一些比较随便的私人场合或者非正式场合，你就可以像聊家常一样，随便一些。比如你在一个正式的场合说自己是"特意赶来"，就显得庄重些，同时也表明你对对方的重视；而你如果说"顺便过来看看"，就可能让人感觉心里不舒服，好像员工在你的心里没有多少地位，就会让他们很失望。相反，如果是私下里的非正式场合，你一句"顺便过来看看"，往往会使原本心里紧张的员工摆脱拘谨，从而为双方的谈话营造一个轻松愉快的氛围，有利于工作的开展。

作为领导，妥当地说话的语言思维训练

1.以圆满为目的

如果事情解决了，后遗症一大堆，解决的意义何在？

2.究竟是怎么回事，自己心里必须清楚

不要"以己昏昏，使人昭昭"。

3.解决问题，照顾各方面的面子

第四章

沟通的流动方向

向上沟通——与上司

在公司存在的大量问题中，有70%的可能是由于沟通不良引起的。因为工作的需要，不管是向上与上司、向下与下属，还是水平与同事之间都需要进行有效的沟通。沟通可以说是工作必备的一项重要技能，甚至可以说你有一半的时间是用来沟通的。但是"一半的时间用来沟通"并不意味着这其中所有的沟通都是有效的，要有效地沟通才能促进团队合作、个人的有效职业发展。

只有通过沟通才能使你的上司了解你的工作作风、确认你的应变与决策能力、理解你的处境、知道你的工作计划、接受你的建议，通过这些反馈到他那里的信息，让他能对你有个比较客观的评价。并且只有经常与上司沟通，才有可能知道自己的优缺点，知道自己哪些工作做得可以了，哪些方面还需要继续努力，从而为自己的进一步顺利发展铺平道路。

作为领导，与上司沟通的语言思维训练

学习下面与上司进行沟通的最佳应对语言：

1.我们似乎碰到一些麻烦

通过最委婉的方式传递坏消息。如果立刻冲到上司的办公室里报告这个坏消息，就算不关你的事，也只会让上司质疑你处理危机的能力。此时，你应该以不带情绪起伏的声调，从容不迫地说出这句话，要让上司觉得事情并非无法解决，你将与上司站在同一阵线，并肩作战。

2.我马上过来

当上司打电话问你有没有时间的时候，如果你问"什么事"，就会惹上司不满；如果你说"有时间"，上司可能认为你很清闲。所以最好的策略就是迅速行动。冷静、迅速地做出这样的回答，会令上司直觉地认为你是个有效率的好部属。

3.让我再认真地想一想，中午之前给你答复好吗？

上司问了你某个与业务有关的问题，而你不知该如何作答，千万不可以说不知道。说出"让我再认真想想，中午之前给你答复好吗？"不仅可以暂时为你解危，巧妙闪避你不知道的事，而且会让上司认为你在这件事情上很用心，感觉你是一个沉着稳重的干将。不过，一定要对自己说出的话负责，按时给上司答复，即使当时上司只是随便问问。

4.我很想知道你对某件事情的看法

与上司共处的时候，是一个让你能够赢得青睐的绝佳时机，千万不要错过。但说些什么好呢？此时，最恰当的莫过于跟公司前景有关而又发人深省的话题。在他滔滔不绝地诉说心得，满足了自己的倾诉欲的时候，你不仅获益良多，而且会让他对你的求知上进之心刮目相看。

5.是我一时失误，不过幸好……

犯错在所难免，勇于承认自己的过失非常重要，不过这不表示你要毫无原则地将所有的过失都揽在自己一人身上。不要让所有的矛头都指向自己，可以通过坦诚弥补你的过失。

向下沟通——与下属

对领导而言，与员工进行沟通是至关重要的。因为领导要做出决策就必须从下属那里得到相关的信息，而信息只有通过与下属之间的沟通才能获得。

同时，决策要得到实施，又要与员工进行沟通。即使是再好的想法，再有创意的策划，再完善的计划，离开了与员工的沟通都是无法实现的空中楼阁，水中月。

沟通的目的在于传递信息。如果信息没有被传递给公司的每一位员工，或者员工没有正确地理解你的意图，沟通就会出现障碍。那么，作为领导，你如何才能与员工进行有效的沟通呢？

1.保持理性，避免情绪化

被称为"日本经营之神"的松下幸之助在自己的管理中就很重视同下属的交流沟通，很少对下属吼叫、谩骂。一个成功的领导在沟通时也要注意情绪控制，因为过度兴奋或过度悲伤的情绪都会影响沟通的效果，尽可能在平静的情绪状态下与下属沟通，如此才能保证良好的沟通效果。情绪会使我们无法进行客观的、理性的思维活动，而代之以情绪化的判断。没有谁不犯错误，永远不犯错误的下属不是好下属。

2.及时与下属进行交流

沟通的最大障碍在于下属误解你的意思或者对你的意图理解得不准确。为了减少这种问题的发生，你可以让下属对你的意图做出反馈。当你给下属布置了一项任务之后，你可以接着问他："你明白我的意思了吗？"同时要求下属把任务复述一遍。如果复述的内容与你的意图一致，说明沟通是有效的；如果下属对意图的领会出现了差错，便可以及时进行纠正。

另外，人与人之间最常用的沟通方法是交谈。交谈的优点是快速传递和快速反馈。所以在与下属沟通的时候，尽量与他直接沟通，而不要通过第三者传话。这样，信息可以在最短的时间内被传递，并得到对方的回复。相反，当信息经过多人传送时，口头沟通的缺点就显示出来了。在此过程中卷入的人越多，信息失真的可能性就越大。每个人都以自己的方式理解信息，当信息到达终点时，其内容常常与开始的时候大相径庭。因此，你在与下属进行沟通的时候应当尽量直接沟通。

3.认真倾听员工的谈话

在沟通过程中，下属在意的不是你听到了多少，而是听进去了多少。如果你没有真心聆听下属所说的话，下属就会觉得你根本不在乎他，同样他也会变得不在乎你说的话，如此就可能形成沟通的恶性循环。所以作为领导，你在沟通中不仅要善于表达自己的看法，更要注意下属的情感态度，设身处地地为下属着想，并且体会对方的感受与需要。由于你的了解和尊重，下属也会体谅你的立场与好意，因而做出积极而合适的回应。毕竟沟通是双向的行为。所以要达到有效的沟通，双方都应当积极投入交流。当员工发表自己的见解时，你就应当认真地倾听。

4.不要臆测下属的想法

积极的倾听要求你把自己置于员工的角色上，以便于正确理解他们的意图而不是臆测他们的意思。同时，倾听的时候应当客观地听取员工的发言而不要想当然地进行判断。当听到与自己不同的观点时，不要急于表达自己的意见，因为这样可能会使你漏掉更重要的信息。

作为领导，你是否真正地清楚了下属所说的意思，是不是也经常习惯性地用自己的权威打断下属的讲话？很多领导都会犯类似的错误：在下属还没有来得及讲完自己的想法时，就按照自己的经验大加评论和指挥，最终造成不可弥补的损失。打断下属的讲话，不但容易做出片面的决策，还会使下属感觉不被尊重。长此以往，下属就会对向你反馈真实信息失去兴趣，也不会积极地反馈有效信息，如此一来，反馈信息系统就被切断了。相反，如果与下属保持畅通的信息交流，将会使自己与下属的沟通很顺利。

5.保护下属的积极性

有这样一个故事：有一位表演大师上场前，他的弟子告诉他鞋带松了。大师点头致谢，蹲下来仔细系好。等到弟子转身后，大师又蹲下来将鞋带解松。有个旁观者看到了这一切，不解地问："大师，您为什么又要将鞋带解松呢？"大师回答道："因为我饰演的是一位劳累的旅者，长途跋涉让他的鞋带松开，可以通过这个细节表现他的劳累憔悴。""那你为什么不直接告诉你的弟子呢？"那人又问。"他能细心地发现我的鞋带松了，并且热心地告诉我，我觉得很好，我一定要保护他这种热情的积极性，及时地给他鼓励。至于为什么要将鞋带解开，将来会有很多的机会教他表演，可以下一次再说啊。"大师说道。如果表演大师告诉了弟子真相，恐怕打击的不只是他一时的积极性，还有可能使他心里一直内疚，觉得自己太鲁莽，这样以后即使有好的建议可能也没有胆量提出来了。作为领导，你对自己的下属也应该如此。

6.不要轻易对下属许下承诺

"轻诺必寡信"是千古不变的道理。作为领导，你在下属的眼中是代表公司的，你不讲信用，下属就会认为公司不讲信用。如何让下属安心做好工作呢？那就是即便给下属承诺也不能把话说死，要给自己留下回旋的余地。管理上的事情非常复杂，没有到最后关头很多事情都是不确定的，轻易许诺非常不合适。即便是你的上司答应了给你加薪，万一他反悔，你怎么办？所以凡事不要说死，给自己留下回旋的余地。

比如公司决定对下属实行奖励，事先你完全可以不说出来，而是做完了给个"惊喜"。下属事先没想到会有奖励，最后你给了，下属会觉得意外，会感激你。而如果在干活前就说明这次工作完成了以后有多少多少奖励，下属完成了工作，你给了相应的奖励，下属也不会很感激，而认为是应该给的。长此以往，会培养下属只要有工作就要有奖励的意识，影响以后工作的开展。再说你手中的奖励是有限的，能一直用奖励来驱动下属做事情吗？不可能。事先向下属暗示也是可以的，而给多少"惊喜"最好在事后做，要让下属认识到做好工作是应该的，奖励是为了这次特别努力而给的，这次给奖励是个例外。

作为领导，与下属沟通的语言思维训练

1.制订每月与下属沟通的目标

2.时常对下属卓越的工作表现做有意义的赞赏

3.以轻松的形式与下属交流

4.探访下属的工作岗位，在工作场所与他们会面

5.以开放的心态咨询及聆听下属的意见，尝试了解他们的想法

6.与下属分享非机密的资料，并咨询他们的意见

7.停止不利于鼓舞下属士气的行动或项目

8.聆听时间占80%，说话时间占20%

9.置身于下属的岗位中，为他们提供支持

10.询问下属：是否已将自己的愿望、使命和目标清楚地列明？

11.询问下属：有什么困难需要帮助的？

12.询问下属：如何使公司的产品令顾客更满意？

13.找寻每位下属的优点

14.每天围绕一个主题，主动与下属交谈

15.与下属一起享用午餐，借此机会建立彼此间的信任

平行沟通——与同级

与上司和下属的沟通固然很重要，但是如果忽视了与同级之间的沟通交流，往往会为自己的前进道路设置不少没有必要的麻烦。因为同级之间存在着一种微妙关系，既是天然的合作伙伴又是潜在的竞争对手。在公司内部的交往中必然会产生既渴望合作，又警觉竞争的复杂心理。作为一个成功的领导，都会想方设法避免触动同级之间潜在的敏感的竞争神经末梢，从而逐步建立起互相信任、互相支持的协作关系。

同与上司、与下属之间的沟通相比，与同事之间的沟通往往由于缺乏某种必要的约束而变得更加复杂，这对你的沟通能力也提出了更高的要求。

1.相互激励

谁都有心情烦躁的时候，当同级之间进行沟通的时候，听到对方的牢骚或者埋怨，特别是对公司的怨言，你需要做的是想方设法地激励他，而不是落井下石。在这种情况下，千万不要做一个告密者，否则你将会两面不讨好，里外招人嫌。

2.言语谦虚而含蓄

作为领导要做好与同级的沟通，就必须谦虚，避免锋芒毕露的坏毛病。以谦虚的态度来表达自己的意见，不但容易被接受，更能减少一些冲突。即使发现自己有错时，也没有什么难堪的场面；而碰巧你是正确的时候，更能获得与你地位相当的同级的赞同与支持。

3.凡事以双赢为前提

同在一个公司，同是公司的基层领导，相互之间也没有必然的隶属关系，对方为什么要听你的呢？虽然大家都以谈利益为耻辱，但是如果你在沟通的时候，能够做到对双方都有利，那么很多事情就会容易解决多了。正如有句话所说："与人方便，与己方便。"人都是先帮助别人，然后才有资格让别人来帮助自己的。毕竟这个世界不是以你为中心的，不管做什么事，都应提前、主动与同级部门之间进行沟通，不要等事情发生了，才想到与各个部门的同级搞好关系。如果是这样，即使事情办成了，也不会给别人留下好的印象。况且这种事一次两次还可以原谅，次数多了，可能当你需要帮忙的时候，大家早就躲得不见踪影了。

4.多赞扬对方

在不同的场合，要恰当地赞美对方，让同级从心理上对你存有好感。比如一个同级想出了一条很受上司赞赏的绝妙好计，此时虽然你可能很是妒忌，恨不得你的脑筋动得比人家快，但是与其拉长脸孔，暗自不悦，不如在上司面前称赞他：这个主意真不错。这样不仅会让上司觉得你富有团队精神，对你另眼看待，而且也会给同级以好感。当有件棘手的工作你无法独立完成时，怎么开口才能让在这方面最拿手的同级心甘情愿地助你一臂之力呢？你可以说：这个报告没有你不行啊！他们往往为了不负自己在这方面的名声，答应你的请求。即使是当你遭遇到同级的批评或指责的时候——虽然自己的工作成果遭人修正或批评，的确是一件令人苦恼的事——你也最好冷静而面带微笑地说一句"谢谢你告诉我，我会仔细考虑你的建议"，而不是将不满的情绪写在脸上。不卑不亢的表现令你看起来更有自信，更能赢得同级的敬重。

人不能脱离群体，正所谓"独木不成林""一个巴掌拍不响"，对同级要做到与人为善、以诚相待。任何一个领导者，都期望有一个良好的人际环境，期望与其他同级和睦相处，在心情舒畅的环境下工作。而要达到这个目的，就要以诚相待、与人为善，从而换取他人的真诚与友善。正所谓"精诚所至，金石为开"，只要真心实意地对待别人，就会感化别人。当同级取得成绩、得到发展时，就真诚地祝贺；当同级受到某种挫折或不幸时，应当主动地关心和同情；当同级遇到困难时，应当积极地给予帮助和支持。切记不能对他的成绩讥讽挖苦，对他的不幸幸灾乐祸，对他的困难置之不理。否则，既会伤害对方的情感，也会影响彼此之间的关系，甚至自毁前程。

作为领导，与同级相处的语言思维训练

1.以尊重为前提，以合作为主旋律

对需要交叉处理的事务，同级之间应当尽量通过协商去解决，而不要擅自处理。否则，不仅会影响同级之间的关系，而且往往也很容易使下属为难，造成工作上的困难，带来一些不必要的麻烦。

2.分清职责范围，掌握处事分寸

与同级相处，应当分清职责，掌握分寸，不争权力，不推责任。属于职权之外的事，决不干预；属于职权之内的事，决不推卸。

3.三缄其口

千万不要在不适宜的场合随便议论同级分管的工作。不仅自己要做到这一点，还应告诫自己的下属：背后莫论他人短。只有这样，才能在同级之间形成互相信任、互相友好的和谐气氛。

4.顾全大局

遇事要以大局为重，谨防因一时的意气之争而伤了和气，影响自己的长远发展。即使自己站在正确的一方，也要能让则让。大凡顾全大局者，最终往往能把握大局。

5.保持联络，沟通情况

同级之间只有保持经常通气，及时沟通情况，才可能进行合作，才能彼此了解、互相信任，将一些不必要的误会和摩擦消灭在萌芽状态。因此，工作再忙，也别忘了主动向同级提供有用的资料、信息、情况和建议。只要能够坚持下去，就一定会赢得同级的真诚回报。

第五章

突破沟通的障碍

地位的差异

公司内部的管理人员有90%的工作是沟通，是和人打交道，只有各方面的人际关系都处理到位，你的工作才能顺利地开展。但是由于地位差异、情绪影响以及信息反馈等种种原因，在进行沟通的时候往往会遇到这样或那样的障碍。作为领导，你应当如何去认识这些障碍，又将如何突破，从而推动自己的事业更进一步地发展呢？

1.采取主动

既然你已经坐在了领导的位置上，也就决定了凡事你最好采取主动，即使是与下属沟通也是如此。所以作为领导，你不要总是坐在自己的办公室里。英特尔的总裁为了与下属自由沟通，特意为自己安排了两张桌子，一张摆在总裁办公室里，另外一张摆在外面，与员工的办公区在一起。如此一来，员工有什么问题都可以找他进行沟通，这或许也是英特尔能够迅速崛起的重要原因吧。

2.沟通的语言要通俗

在与下属进行沟通的时候，一定要注意沟通时语言的实用性，不要卖弄风雅、故作高深，更不要说对方听不懂的术语。

作为领导，平时最好用简单易懂的语言去和下属进行交流，因为当对方听不懂你说什么的时候，在一般情况下是不好意思问的，因为每个人都是有自尊心的，询问往往表明自己的无知。虽然事实上并不如此，但是中国的文化造就了这样的思想。另外，对于说话的对象、时机要有所掌握，有时过分的修饰反而达不到预期的目的。

3.语言灵活，不拘泥于原则

既然人属于社会，那就势必有沟通的欲望，只不过由于受种种成文或者不成文的原则所拘束，从而导致作为领导的你与员工之间产生了一定的距离。当然，并不是距离不好，但是凡事都有个度，过度地注重原则，往往会加深你与员工之间的隔阂。所以你在平时与员工沟通的时候，最好不要过多地拘泥于所谓的原则，比如给员工以宽松的时间，上班或吃饭时间较有弹性，偶尔迟到10多分钟也不过问。因为即使你过问了，除了表明你的领导身份，听到泛滥的借口，剩下的可能就是员工对你的抱怨以及工作的低效率，严重的还可能将这种抱怨传染给其他员工。不要在众人面前责骂下属，这样才能顾及下属的自尊心，从而赢得下属的忠心；与下属同喜同悲，对家有喜事的表示高兴，对家遇不幸的给以同情，最能加深与下属的感情；留意每一个下属，不论高级低级，只要工作得好，都一样加以赞赏；保持亲切的笑容，下属最怕看见领导时常板脸，令人望而生畏。不要因为地位的差别而让员工见了自己就像是耗子见了猫，千方百计地躲避你。

4.传达命令恰到好处

作为领导，你的一个重要职责就是给下属安排工作。如何确保自己的命令和指示准确无误并让员工切实遵照执行，从而高效地完成任务呢？首先，下达指令的语气应谦逊有礼、温和而不失严肃，这比颐指气使或屈尊俯就的态度更容易让人接受，也更能让下属将工作做得更好。其次，向员工提出工作要求时，应当明确自己需要什么以及什么时候需要，同时也要让员工明白自己要完成的任务和要求达到的标准。

作为领导，在与员工沟通的时候，自己首先要主动突破地位的差异，不要只站在自己的立场上，希望别人能够理解自己，而忽略了别人内心的想法；不要经常觉得自己是正确的，谁都应该听自己的，或者爱用自己的标准去要求别人，从而给人"以自我为中心""盛气凌人"等不好的印象，而要站在别人的立场上去想问题，考虑自己的利益，也要考虑别人的利益。

作为领导，在地位有差异时的语言思维训练

在沟通的时候一定要注意，虽然你与对方可能有地位上的差距，但是彼此都是人，是有感情的人，而不是机器，所以无论发生什么，最好用同理心站在对方的角度考虑一下。

1.主动与员工进行交流，展示自己的诚意

这样就可以将主动权把握在自己的手里。

2.用通俗易懂的语言进行沟通

权威性的语言可以用，但是要注意场合；多数时候，让对方容易接受的语言会比权威性的语言所达到的效果要好。

3.灵活沟通

中国是个人情社会，如果伤了感情，一些事情可能就没有回旋的余地；相反，如果感情好了，一切都好办。

情绪的影响

作为领导，情绪可能影响着你事业中的大多数关键环节，你的冷静、沉着、公正、周到、全面、坚定的谋略与虑事思维都与情绪的控制力直接相关。当然也包括沟通。在与员工沟通的过程中，情绪不仅影响你做出正确判断的能力，也决定你的意志信息的正确传递。如果不能合理调控自己的情绪，就会影响到你的有效沟通，甚至成为你与员工沟通的一种无形的障碍。

作为领导，在任何危急的困境中都要保持乐观积极的心态，以此来控制自己的情绪。尤其作为更高层次的领导人物，你的情绪可能感染到无数你接触到的人，有没有乐观自信的情绪直接影响到你公司的成败，更不用说与员工的沟通。作为领导你不只是要告诉员工如何去做，更重要的是用自己的情绪去影响激发员工的潜力，朝共同的目标奋勇直前。

作为一名优秀的领导者，不仅自己是一位情绪控制的高手，还能够调控下属的情绪，在组织中建立和发展成熟的情绪能力。既然你已经坐在了领导的位子上，那就不仅要调控好自己的情绪，使其不成为你与员工交流的障碍，同时还要处理好你的员工的情绪。毕竟作为领导，难免会和员工产生这样或那样的矛盾，如不妥善解决，不仅会影响你与员工的沟通，严重时还会影响整个公司的氛围。那么作为领导，又该采取什么方式来对待员工的情绪，从而达到双方的有效沟通呢？

1.如果是由于你对员工的不公平而导致他有情绪，有类似情绪的员工，往往性情直白，总是觉得别人让自己受了委屈，自己没有得到平等的对待。他们虽然攻击性比较强，但是他们往往就事论事，所以只要你能够及时找他谈话，切实解决他不满的实际问题，就可以突破情绪的障碍，让双方达到有效沟通。但也要注意不要变成"爱哭的孩子有奶吃"，而引起其他员工的不满与嫉妒。

2.有的员工天性喜欢自由，不愿受拘束，喜欢按照自己的时间安排从事创造性工作。这类员工经常是不服管束、不守规矩，甚至迟到、早退，可能许多时候也会因此而受到你的批评，他们也会因此而产生不满情绪。这样的员工一旦与你产生抵触情绪，往往会有短时间爆发的强烈愤怒和逆反心理。如果这种情绪得不到处理，则可能发展为长期磨洋工。因此，当遇到这种情况时，你作为领导千万注意不要陷进他们的逻辑，对其进行严厉的批评，而是要以平和镇静的态度找他们谈心。只要感觉到有人理解自己，他们即使有再大的情绪也是很容易沟通的。

3.如果员工是因为工作业绩差，被你指出后心存不满而情绪低落，他们可能不会大吵大闹，也不会故意找别扭，而是用一种"我就是不行"的方式来回避矛盾，用工作业绩每况愈下来表达不满。如果你还不想或者不能炒他们的鱿鱼的话，就需要缓和与他们之间的关系，如理解、支持、鼓励等。如果大加批评，伤了他们脆弱的自尊心，他们甚至会选择请病假来逃避，就会进一步加大沟通的障碍，有时甚至可能使双方关系进一步恶化。

作为领导，突破情绪影响障碍的语言思维训练

　　1.培养积极乐观的精神，克服情绪低落

　　2.在情绪不稳定时，出去散散步

　　3.情绪不稳时，不要急于对重大事情做决策

信息的反馈

　　"各司其职，各负其责"，既然设置了各种不同的岗位，每个岗位上的领导把自己的"责任田"精心地维护好，相信各方面的沟通也就有条不紊了。许多领导或许是因仰慕诸葛亮而受其影响，事必躬亲，凡事都要亲自过问，唯恐有自己不知道的。而实际上，人的精力是有限的，作为领导，如果你什么都懂，什么都能做，还要设那么多岗位干什么。让你的具有不同专长的各个下属负责不同的工作领域，把他们的处理结果汇报给你，这样不仅使信息得到分流，你也不会在泛滥的信息中迷失方向，从而达到有效的沟通。

　　通常情况下，对于反馈过来的信息，一定要注意以下几点：

　　1.谨慎对待具有相反意见的信息

　　对于与自己相反的意见，你可能总是抱着抵触的心理，这就可能造成员工即使有什么好的建议也不敢提的后果，因为在你那里不允许不同的意见存在。很多报告上都是2/3的篇幅讲功绩，

1/3甚至更少的篇幅讲不足，可能就是明证。实际上，无论在什么场合，存在不同的意见是在所难免的，而这些不同的意见往往会使你的决策更加完善。所以对待相反的意见，一定要谨慎考虑，而不要一概予以否决。

2.为信息反馈营造良好的氛围

人与人之间发生冲突在所难免，所以我们要尽量使用沟通技巧，解决这种冲突。可能在西方的公司管理当中，有什么意见都可以讲，不用考虑什么对与错。而在中国的公司如果有什么意见的话，往往都闷在心里不说，从而使传递出去的信息得不到有效的反馈，出现的错误也得不到及时的纠正。所以，作为一名领导，应该注意在自己的周围营造一种良好的信息反馈氛围，不但要鼓励员工提出不同的意见，而且还要让那些合理的信息反馈成为一种习惯。

3.拒绝安静，加强信息反馈的力度

一个过于安静的公司，往往缺乏一种朝气与活力，信息的反馈也就不可能畅通。正如一位成功的领导所说：公司太安静不好，没有意见的公司永远不会有很好的创意。

所以如果你想让公司得到长足的发展、壮大，就要鼓励大家进行信息反馈，特别是不同的意见。真理越辩越明。开会的时候要经常请大家畅所欲言，自由交流，做到知无不言，言无不尽。一定要注意，有效的沟通不像在咖啡馆喝咖啡那么简单，那是达不到目的的。如果你想得到有效的信息反馈，真正与下属进行沟通，了解你的企业存在的问题，制订正确的目标，就必须加强信息的反馈力度。不要担心大声说话会有失风度，而要尽情地大声

● 团队沟通的艺术

争论、激烈地讨论，只有这样，才能让每个人都以积极的态度加入其中，最终讨论出合理的方案。

第六章

到底该怎么说

避免大多数以"我"为开头的语言

　　走上领导岗位的时候，要学习像领导一样沟通，这不仅需要突破沟通的障碍，更重要的是要知道话究竟该怎么说。因为在掌握了沟通的原则之后，真正进行沟通时还是用语言交流。而语言又是由句子构成的，因此你就要学会如何用句子表达才更像是领导。作为领导，说话时首先要学会的应该是避免大多数以"我"开头的语言。

　　以"我"为开头的句子，不仅削弱了你说话的力量，而且让人觉得你想用语言来控制别人。但是有控制就有反抗，所以要尽量减少甚至避免以"我"开头的句子。当然，如果你是在谈论自己则属于例外，这时运用以"我"开头的句子会使你的谈话更有权威性，更容易使人信服。另外，如果你要对别人进行语言上的控制或者压制，就可以运用以"我"开头的句子，否则，表现出来的就是缺乏自信，或者还没有形成自己的语言风格。但是如果你想培养自己的自主权，使自己的语言既能达到预期目的又充满人性，让下属听完以后，内心充满激情与力量，那就不要运用以"我"开头的句子。

代词，并非一切相等

作为领导，在说话的时候经常犯的错误就是代词的误用，当然也包括"我"这个代词。不要小看这些代词，它们在句子中往往具有举足轻重的作用。但是，或许正是由于其自身的小，才导致人们对它们的忽视。有时正因为对它们的忽视，才造成了不可估量的损失。

当然并不是所有的代词都容易出错，容易出错的这一类代词一般有我、你、我们、你们、他们等等。使用这类代词容易出错的原因在于很容易把它们所包含的关系混淆，或者使交谈的双方在不自觉中产生敌对情绪。比如"我"并不等于"我们"，"你"也并不等于"你们"。在句子的开头避免使用"我"，可以保证指令得到准确无误的传递。

善于运用代词"我们"来代表自己的团队、部门、公司的领导，他的领导才能往往会更容易被大家所认可。

避免使用模糊限制语

每个人都有自己的说话方式，所以在相互的交往中也就很容易引起理解上的障碍。但是正如亚里士多德所说："语言的准确性，是优良风格的基础。"作为领导，在与员工进行交谈的时候，如果过多地使用模糊限制语，不仅影响你与员工的沟通，也会有损你的领导权威。

一些领导之所以使用模糊性限制语，是因为他们对问题的答案心中没底，根本不知道自己在谈论什么，所以不得不使用一些诸如"大概""也许""可能"之类的模糊限制语来缓解自己的心理压力，甚至遮掩自己的无知。另外还有一些领导不想回答对方的问题，但是又不好拒绝，所以在回答的时候常常含糊其词，话中有话。这种情况往往针对有敌意或者实在是不便于回答的问题。它往往表明你对自己所谈论的事情并不肯定，或者你不愿意去支持甚至不相信自己正在谈论的事情，这通常是在逃避一些实质性的问题。而这又往往是员工所深恶痛绝的，因为他们需要的是力量、权力以及他们可以听得懂的观点。而作为领导的你，却总是在说话的时候使用那些模糊限制语去限制自己的说话，其意义何在？真正掌握了高超的说话艺术的领导，是不会随意地使用那些模糊限制语的。

不管在什么时间、什么场合使用模糊限制语，都会使你所说的话失去震撼力。除非你对于某件事情实在是不确定，否则尽量避免使用限制模糊语，不要弄巧成拙，掉进自己设的语言陷阱里还浑然不觉。

强调你能做什么或将做什么

当你在说话时避免了模糊限制语之后，就要强调你能够做什么或者你将要做什么。虽然在一般人眼里，作为领导是什么都可以做得到的，但是你自己心里必须清楚，你能够向员工承诺什么或者将要做什么，在这方面千万别含糊其词，甚至轻易承诺。

在说话的时候不要随便强调你所实现的目标，而要在你的能力许可的前提下，强调你能够做什么或者你将要做什么。员工刚听到你的话时，可能不太适应，但是由于你所强调的都是自己可以做得到的，所以在讲完之后，你就会很容易地做到。久而久之，自己的领导威信也就树立起来了，而且是坚不可摧的，因为员工知道，只要你说出来，就一定能做到。

使用解决问题的语言

作为领导在与员工进行沟通的时候，最失败的可能就是长篇大论地说了半天，员工只是面无表情地木然地呆坐着，谈话之后的工作状态与谈话之前的工作状态几乎没有什么改善，甚至还不如谈话之前。你的谈话竟然一点儿效果也没有。为什么会出现这种情况呢？其实最主要的可能是你在说话时，缺少真正解决问题的语言。

像领导一样和员工进行沟通，就要像领导一样使用解决问题的语言。在沟通的过程中，使用简短的意愿性动词往往很容易解决问题。

如果是你对员工下达指令，你会选用下面的哪项指令呢？

1.我确实相信你能突破所有困难，完成任务

2.我们将突破所有困难并完成任务

3.困难应该被突破，应该采取行动完成任务

4.我们应该突破所有困难并完成任务

5.嗯，啊，我希望你能突破所有困难，并完成任务

6.我确实需要你的帮忙——你能突破所有的困难并完成任务吗?

7.我不确定我是怎么想的，但是我觉得你应该突破所有的困难并完成任务

8.你认为你有机会突破所有的困难，完成任务吗?

9.我希望你突破所有的困难，完成任务

10.如果给你3天时间，你认为自己可以突破所有的困难，完成任务吗?

11.如果你能够突破所有的困难，并完成任务，那实在是太好了

12.请突破所有的困难，并完成任务

13.突破所有困难，完成任务

毫无疑问，最后一项"突破所有困难，完成任务"指令，是前面的12条所无法比拟的，因为它是最解决问题的语言，也是作为领导最需要的语言。这种语言有什么特点呢?仔细分析，你就会发现这类句子所使用的都是表示正在进行的动作性行为动词，而不是状态性动词。状态性动词表达的是人与物所处的一种相对静止的状态，而行为动词则给人以动态感。比如当你说"我是公司的领导"时，由于你使用了状态动词"是"，就是告诉员

工你的身份；而如果你说"我领导这个公司"，那就是描述你的行为，给人以作为领导的力量感。另外如果你说你对公司"很负责"，往往让人感到疑惑：你具体是负责什么的？你是公司的老板？你管理这个公司，还是只负责其中的某一项业务？是不是可以说成"我领导这个公司"或者"我负责公司的业务"。如果你要夸奖员工"你的计划书很成功"，就可以这样说："你的计划书给我们部门带来了希望。"这样不仅句子表达得更加具体，而且让员工心里清楚自己的贡献具体是什么，这比宽泛的客套的夸奖更能激发员工的积极性。这就是解决问题的语言。

无论是使用行为性动词还是状态性动词，你在说话的时候都要选择准确的、能够解决问题的动词来表达。作为领导，要尽量避免空发议论，要言之有物，让自己所说的话的每一个词语都能够发挥作用。

为了使你的语言能够切实地解决问题，作为领导，你可以学习一些与此相关的语言技巧。正如一名著名的企业领导人所说："作为领导，你必须通过展现自己的优势来领导员工，当你向员工阐明你的结论的时候，就必须同时告诉员工你是如何得出这一结论的。尊重员工，而不是通过强硬的语言强迫员工接受你的观点。"的确，在与员工谈话的时候，不是说你的口气有多强硬，声调有多高，语言有多粗鲁，员工就会被你吓住而听你的。你必须清楚自己想通过谈话达到什么目的，用什么样的语言、如何表达才能达到这一目的。记住，沟通并不是发泄，所以在与员工的沟通中，要掌握好说话的技巧，真正达到解决问题的目的。

第七章

有效召开小组会议

会而不议，获得共识

　　既然走上了领导的岗位，也就免不了要经历这样或那样的会议。你不仅要在会议上发言，而且可能还要主持会议，而主持会议的过程最能显示你的语言才能。主持会议的时候，你就是会议的中心与主宰，要灵活自如地调控整个会议的进程，从而使会议达到预期的目的。凡事都有自己的规则，召开小组会议也是如此。

　　你可能会问：既然会而不议，开会干什么呢？形式虽然不起决定性作用，但是在某些时候却会起重要的辅助性作用。开会就是把将要公布的结果公开化、合理化，让大家都有一个接受的心理准备。会而不议并不是真的不议，而是在会前要进行充分的沟通，与要参加会议的每个人进行私下交流，建立共识，在开会的时候将这些共识公布出来。因为大家在事前对会议所要讨论的内容都有所了解，这样就比较容易达成共识，有利于会议的圆满成功。

在开会之前，做好沟通工作，开会的时候大家就没有什么顾虑，而且不用当即下结论，说什么都不会让彼此难堪，比较容易建立共识，就可以根据这一大家心照不宣的共识来进一步沟通，从而为会议的顺利召开铺平道路。况且在会前就沟通好，达成一定的共识，在开会时大家依此进行发挥、补充，谁也不会争功，也就不至于引发意外的矛盾。

会前充分沟通，你就可以会而不议。要做到会而不议，并不是在那里等会而不议。会前很容易沟通，但是开会时最难沟通。因为那时候大家的面子都搁在那里。避免开会沟通，因为那是高难度的。开会以前，你先想哪几个人会反对，先去找他，把问题解决掉。然后开会，大家都说好，那是最好的。会而不议，获得共识。

作为领导，会而不议，获得共识的语言思维训练

1.做好会前沟通工作

2.能不开的会议就不开，避免不必要的会议

3.会议上，既不鼓励也不压制员工发言

议而不决，协同一致

如果会而不议，却能够获得共识，这是最理想的结果。这样大家就用不着唇枪舌剑，你也就不用担心因为说错什么话而使员工心生怨恨，导致矛盾冲突。由于会前的充分沟通，大家就可以按照共同的认知，齐心协力，最终完成任务。但是事情并不总是

那么完美,完全按照你想象的发展。由于沟通不良或者彼此之间仍然存在意见上的分歧,有一些事情在会前尚没有达成共识,必须在开会的时候讨论。如果是这种情况,最好不要下决定,以免日后陷于被动局面。

作为领导,不必裁决,却应该发挥以不裁决而达到裁决的能力,在不伤害任何人的面子的情况下达成决议,从而消除各种隐患,为决议以后的实施创造良好条件。所以,在开会时遇到不能迅速达成一致的决议时,你就要当机立断地宣布:"既然大家对这个问题还有不同的意见,那就改天再商议,散会后大家好好沟通沟通。"这样既稳定了整个会议的秩序,展示了你的领导权威,又使那些想利用会议上的冲突制造事端者无机可乘。

作为领导,做到议而不决、协同一致的语言思维训练

1.会前充分沟通,避免开会再来讨论

如果会前沟通了,开会时还有意见,千万不要裁决,议而不决,才能协同一致。

2.会上避免意气用事

一旦你动用了裁决权,往往会造成紧张气氛。如果被逼得紧了,有些员工就可能与你发生直接的冲突。

3.协调会后的沟通

议而不决,当然不是永远不决定,只是暂时不决定,等大家会后进一步沟通,达成共识。

决而不行，及时应变

一旦达成决议，就要付诸行动去实施。但是实施的过程、计划，并不是盲目的、一成不变的。如果真是那样的话，就只是为了完成任务而说话，绝非领导风范。

当然，决而不行并不是真的不执行，而是根据实际的情况，对决议做出合理的调整。对于决议中的合理部分，予以保留，而不要擅自变更；对于不合理的部分，就要采取一定的措施。当你发现决议中的某些部分需要更改时，就要根据实际的情况，寻求合理的应变对策。但是当你找到了最佳方案，也不要马上付诸实践。因为权限关系，在按照决议而行的时候，不能够擅自变更。如果你擅自变更，一旦造成意料之外的后果，就算你愿意自己承担责任，恐怕员工也不会领情，在上司那里也不好交代。所以这时候最好的办法，就是将自己所找到的最佳解决方案拿出来和同事、员工一起商量，得到大家的认同与支持之后，作为定案，再向上司请示，想办法获得上司的同意，然后就可以付诸实施了。

决而行与决而不行的运用主要看合理与否。合理的决而行和合理的决而不行，都是值得采用的。相反，不合理的决而行与不合理的决而不行，都是不可取的。那么，合理与否的界限应当如何区分呢？只要是为公而不徇私，就是合理的应变；如果是为私而不是为公，那无疑就是不合理了。

作为领导，做到决而不行、及时应变的语言思维训练

1.审时度势，寻找合理的调整方案

2.争取获得员工的支持、上司的认可，随形势发展而应变

3.如果没有得到上司的认可也不要轻易放弃，要坚持到底

第八章

在圆满中分是非

私下找负责的人

当然，给犯错误的下属留足面子，并不是以后就不再找他了。公开场合不能说的话，私下里却完全可以同该下属进行交流，也就是关起门来说话。

一个成功的领导，在会议等公开场合可以不追究犯错的下属的责任，但是在私下里却要把这个下属叫到办公室，把门关上，把事情弄清楚。

当然在私下里，你的态度就可以明朗化，一方面展示自己的领导权威，另一方面也让下属明白你态度的坚决，不要让他存有任何的侥幸心理。这时，他如果再不老实交代，可能就是罪加一等；如果他坦诚地说清楚，你就可以和他一起想办法，给他一个很好的台阶下。

其实与合作方也是如此。凡事要在圆满中分清是非，使大家不因为某些矛盾而闹僵。世界实际上很小，合作双赢才是第一位的。

问题的解决有多种途径，作为领导，你需要选择的是最好的、最能够治本的，而且能将后患降到最低的途径。找负责的人在私下里解决，不失为最佳解决方案。

作为领导，私下找负责的人的语言思维训练

1.要注意倾听对方的谈话

2.以问题的圆满解决为根本目的

3.记住：争吵永远不是解决问题的最佳途径

4.无论采取什么方式，都必须及时补救过失

提出善意的批评

作为领导，你对下属的批评能否得到下属的认可，能否达到理想的效果，关键看你的批评是否是善意的。如果你能够对下属坦诚相待，以治病救人为目的，下属还有接受的可能；而如果你以整人为目的，一棒子把人打死，那么效果往往会适得其反，甚至会更糟。因为你可能只是资历、能力甚至机会比他好，从而走上了领导的岗位，但是无论身份、地位如何，彼此之间的人格都是平等的。虽然对方是你的下属，但是他也没有必要一定要听你的。

想想自己作为领导，你有没有非善意批评下属的习惯——为了显示领导的权威，故意挑下属的刺？没有最好，如果有，你有没有想过下属听到你的话以后会有什么反应？可能他不会说出

口，但是他的内心将会怎么想呢？当你这样做的时候，怨恨的种子已经在他的内心种下。

善意的批评很多，只要让下属在保住面子的前提下能够改正错误，达到理想的批评效果，在圆满中解决是非即可。

"人要脸，树要皮。"每个人都有自己的面子，有一种自重感。当下属犯错误的时候，如果你对他直截了当地予以批评，那么他往往会明知犯错，还要强争三分理，尤其是他实际上不正确却认为自己正确的时候，更会坚持不让，毫不退步。而此时如果你能够将你的批评巧妙而含蓄地提出来，往往会取得意想不到的效果。

有时保持沉默，通过动作语言，往往也能取得良好的效果，让问题圆满解决。

如果你的批评是善意的，即使过于严厉，也是会说动下属的。善意的批评所达到的效果，是最理想的。

作为领导，提出善意批评的语言思维训练

1.保持坦诚的心态

2.能含蓄则不要直接

3.不要轻易说"不"

4.必要时，用表扬代替批评

第九章

合理地激励下属

随时随地都应该激励

人都是有情绪变化的,有的人情绪起伏还非常激烈。如果不及时注意、给予激励,他就很容易陷入低落状态,进而影响到工作的效率。作为领导,在平时的工作中,最主要的可能就是要随时随地给下属以激励。

激励在下属的工作中有着极其重要的作用。任何人都希望自己的工作得到他人的认可,而下属此刻更强烈地渴求作为领导的你对他的这种认同。

在用来激励下属尽所有力量工作的手段中,最有效的就是谈话中的赞赏,最廉价的也是这种赞赏。这种赞赏不过张口之劳,而因此获得的回报却是难以衡量的。日常工作之中,成功的领导从不错过任何一个可以用来赞赏或表扬下属的机会。这每一次表扬的火花,都会产生一堆熊熊燃烧的烈焰。

随时随地对下属进行激励，不要等机会，而要去发现机会。当发现下属的优点时，决不要放过对他进行激励的机会，毕竟有些时候是"机不可失，失不再来"。努力找出下属的优点和成绩，随时随地给予他热情的赞扬与由衷的激励。

作为领导，如果你能够真诚地对下属进行及时的赞赏与激励，下属将会为拥有你这样一个优秀的领导而感到幸运。除了会通过加倍的努力回报你的激励外，他还将珍惜你的赞扬，并且可能在一生中都记得这些话。即使在经过了许多年后，他仍会时时想起曾经拥有你这样一位好的领导。

作为领导，随时随地激励下属的语言思维训练

1.用赞美去激励

2.用信任去激励

3.用情感共鸣去激励

4.用荣誉去激励

5.用表扬去激励

危急时刻，用情感共鸣去激励

人生不可能一帆风顺，公司在发展壮大的过程中往往也是布满荆棘的。公司出现困难，处于危急时刻，也都是有可能的。在这样的时刻，如何激励员工、团结员工继续以高昂的热情去拼搏奋斗呢？此时最好的方法就是用情感去激励。

在走上领导岗位的过程中，你可能会遇到种种不同的危机，而此时你所说的话以及说话的方式，都决定了你是否能够减轻员工的痛苦，安抚、鼓励他们。这时，你必须用发自内心的情感唤起他们内心的尊严，激励他们站起来，以此渡过难关。成功的领导者往往善于利用情感共鸣的话语去处理危机。

危急时刻，员工可能只是看到困难与危险，而作为领导，应该善于寻找突破口，把困难的薄弱环节展示给员工，从而帮助员工确立正确、自信的心态。同时要记住，你可以对员工和蔼，但是不要太软弱，否则就有可能适得其反，降低工作的效率。曾经有一位经理在讲话的时候总是不停地重复用"好像""似乎"等类似的话语，结果引来员工的阵阵大笑，导致他对员工的激励工作很是失败。

在危急时刻，作为领导的还必须避免说话欠考虑，也就是说话不经过思考就脱口而出。不能经常在说话的过程中不断地谈论不该谈论的自己。

作为领导，在危急时刻用情感共鸣激励员工的语言思维训练

1.寻找成功的领导者在危急时刻的激励人心的演讲，进行模仿

2.激励时要注意富有同情心，不要忽略员工的感受

3.避免说"我"

激励得当，鼓舞士气

凡事皆有度，过犹不及，对员工的激励也是如此。一个成功的领导，就是一个出色的演讲者、鼓动家。凭借语言去击荡员工的心灵，激发员工的情绪，从而坚定他们的意志。如此，便最大

限度地提高了员工的工作积极性。

　　领导要用自己的语言力量去激发出员工内心的潜能，最大限度地调动他们的热情。

　　激励员工最为直接的方法就是挖掘他们自身潜在的优势，让员工增加对于现实状况的信心。在真正成功之前，人不可能排除恐惧与胆怯。作为领导要做的就是激发潜藏在员工心中的勇气，为他们驱除恐惧的魔障。

　　自信的力量往往是通过比较中的满足得来的。通过自己的优势与对方的劣势进行比较，更能够增强员工的信心，鼓舞士气。

作为领导，鼓舞士气的语言思维训练

　　1.直接针对员工的心理障碍，恰到好处地解除疑虑，振奋士气

　　2.避开困难，回顾以往的成就，为员工寻找信心

　　3.尽量用客观事实说话，入情入理地给员工以鼓舞

第十章

群策群力，沟通无边界

沟通方法不拘一格

管理沟通方法多样，而我们的主动沟通者应该从多渠道、多角度思考可能存在的解决办法。沟通的类型还可以按照组织系统划分为正式沟通与非正式沟通两大类，其中：

正式沟通，是指通过组织明文规定的渠道进行的信息传递和交流。如企业的汇报制度、会议制度，按组织系统逐级进行的上级批示的下达或下级情况向上级反映等。正式沟通是通过组织明文规定的渠道进行的，其优点在于沟通效果好，具有较强的约束力，一般较重要的信息通常都采用这种方式沟通，但它也有弊端，即沟通速度慢，不易沟通感情，会给沟通带来重重麻烦，这些麻烦就需要依靠平时积累的相关经验进行排解。

非正式沟通，是在正式沟通渠道之外进行的信息传递和交流，如员工之间私下交谈，各抒己见，数人相聚议论某人某事以及传播小道消息或同仁们举行非正式的群体娱乐活动等。正式沟通一般是规范化的沟通方式，而非正式沟通即非规范化的沟通方式。沟通中要注意甄别信息，不要被流言蜚语所干扰，以致混淆视听，使信息失真。

没有任何一个想法不值得一听

诺基亚研发部门领导人努佛在加入公司前是位知名的学者，他把自己现在的工作职责视为"解除员工想法上的限制，以寻找下一个热卖产品"，有些像鼓励学生思考的教授。

"没有任何一个想法不值得一听"，他这么告诉员工，虽然让公司推出了一些不叫座的产品，但也孕育了创新的商品。

推出机身无天线的手机，便是一个很好的例子。1996年，一名工程师提出了把手机的天线移至机体内的想法，当时这个想法立刻遭到反对，有些高层主管认为，当消费者看不到天线时，他们会假设手机的传输能力不够强。但是努佛全力支持，不断在公司内进行推销，甚至指导这位工程师如何向提出质疑者解说。这个原本有可能胎死腹中的创意，在1998年成为商品上市时，成为诺基亚史上最赚钱的产品之一，并且引得竞争对手纷纷模仿。

拥有源源不断的好点子，是公司成功的秘诀。尤其在瞬息万变的今日社会，公司、企业或个人的成败往往取决于其应变之道。因此，千方百计地激发下属出点子，是企业打开成功之门的钥匙。

群策群力，沟通无边界

韦尔奇永远都不会忘记1990年他在家电业务部门参加的一个Work-Out会议。

这次会议是在肯塔基州列克星敦的假日饭店举行，参加会议的员工大概有30人。大家都在认真地听一个工人做陈述，他认为可以对电冰箱门的生产工艺进行改进。突然，工厂的车间主任跳起来打断了他的讲话，认为这个工人的意见不合理。

但是这位工人却毫不留情地对车间主任说："你说的完全不通……你都不知道你在说什么，你自己从来没去过那里。"接着他拿了一支水笔，开始在写字板上演示自己的改进意见。很快，他讲完了，并得出了自己的结论。同时，他的解决方案被接受了。

看到工人师傅和他的主任为改进生产工艺进行争论，韦尔奇非常高兴。他说："想象一下，那些刚刚从大学出来的毕业生如果面对这条生产线的话，他们恐怕做不到这一点。而现在，这些富有经验的工人师傅们帮助他们把问题迅速地解决了。"

在通用电气公司里流传着千百个像上面这样的故事。一位中年工人曾经对Work-Out这一计划做过评论说："25年来，你们为我的双手支付工资，而实际上，你们还拥有了我的大脑——而且不用支付任何工钱。"

要做到这一点，是需要勇气的。没有哪个领导站在员工面前接受批评、倾听一系列要求变革的建议会感到很舒服，同时也没有哪些员工会在跟老板叫板时，感到理直气壮。

群策群力说的是每一项决策都要通过公司全体的商量讨论后才执行，这是通用团队精神的一种体现。同时通用公司通过这种形式打破了公司的重重壁垒，为外界交流奠定了基础。

沟通自下而上

沟通不只是自上到下，而且也是从下到上的。为了确保公司与员工之间很好地沟通，联邦快递设有一项管理方法——调研反馈行动。每年联邦快递都会通过员工对公司、对经理进行一次调研，员工通过问卷去评估他的经理，为他的经理打分数，有了分数后，再要求经理跟员工坐下来谈，到底问题在哪里。经理以后能不能被提拔，这个分数很关键。

1997年，联邦快递的飞行员考虑罢工，其他员工便到飞行员家里劝他们不要这样干。后来经过员工与公司领导层的全面沟通，最终圆满地解决了这个问题。在这个事件中，员工之间的平等关系，高层与员工之间的平等关系，以及公司所特有的谅解氛围，化解了这一危机。

在没有出现不同意见前，不做任何决策

美国通用汽车公司的总裁艾弗雷德·斯隆是个开明之人，斯隆主持的决策会议气氛一般都非常热烈。在一次会议中，斯隆发现所有的人都对一个重要决策持认同态度，他强调说："对于这个问题，所有的不同意见都可以提出。"

大家都点了点头，表示知道有不同意见是可以提出来的。

斯隆接着说："先生们，我想我们大家对这项决定都一致同意是吗？"在场的人都点头表示同意。于是斯隆接着说："那么，我建议推迟到下次会议再对这项决定做进一步的讨论，以便我们有时间来提出不同意见，并对与这项决定有关的各个方面有所了解。"经过事实证明，斯隆避免了一次错误的决策。

斯隆做经营决策从来不靠直觉，他说："在没有出现不同意见之前，不做任何决策。"

斯隆知道，只得到掌声的决策不一定是好决策。意见一致是因为每一个人都没有认真地做好自己的工作，没有完成自己的准备工作。他想要的是不同的意见，他也积极地促进不同意见的产生。

在决策时，不同意见能产生良好的决策，一项正确的决策，往往是通过听取不同意见，集思广益，反复比较而获得的结果。作为决策者，应该善于听取不同意见，反复论证，以求得决策的科学性、可靠性和长远性。

上下级沟通要讲"礼"

无论职务大小，作为一个管理者，如能同下属相处融洽，无论对管理者本身，还是对管理者的下属都是有益的。

1.施以礼貌

清晨上班，管理者对下属的一声亲切问候，正是赢得一天合作与友谊的开始。但管理者往往注意对陌生人表示礼貌，却很少想到对熟悉的下级施以礼貌。管理者一定不能忽视这一点。下属得到尊重，信心十足地走上岗位，才能保证一天工作取得更高的效益。

2.予以表扬

没有不爱听好话的人，尤其是为你辛苦工作的下属，你应不吝用最好的词汇来形容和赞美他们。管理者必须看到下级的长处，多想想他们的优点。下属把事情办得很漂亮，管理者应该反复当着众人的面提起，并时常把他记在心里，因为我们周围的大部分人都渴望得到表扬，人们不断受到鼓励，才能将工作干得更好。

3.给以公平

公平是管理魅力的源泉，管理者待下属必须格外公平。管理者千万不能因为一些微不足道的小事，影响众人的情绪，妨碍自己的工作。假如过分偏爱自己的"亲信"，人们便会认为你是个徇私情的人，人们的情绪便会低落。

4.随时指正

犯错误是难免的，关键在于怎样看待错误。当管理者遇见下级犯错误时，应及时指正，而不能等下属的各项错误累积得很多时，才放在一起批评。这样，会使下级认为你一直不信任他，哪里还有干劲呢？批评人应单独进行，当然极少数与法规及制度公开对抗的人，管理者应当众批评。

5.一诺千金

声誉从某种意义上讲，是一个管理者的生命。管理者要想在下属面前树立起声誉，就必须守信用。管理者应周密地考虑实际情况，一旦许下诺言，就应尽力去实现。确实因客观原因不能兑现，管理者也应及时解释，否则下属是不会长期支持你的。

6.兼听则明

英雄的作用自然不可忽略，但在大多数时候，民心向背却能决定历史的走向与命运。管理者应多向下属请教，给他们机会表达他们的意见。尤其在决定一些与下属利益有关的政策时，管理者更应多听取他们的建议。如他们的建议得到讨论或采纳的话，他们会以愉快的心情接受你的决定。

7.人无完人

生活之中，没有十全十美的人，别人有错误，管理者自己也有错误，不能总摆出"一贯正确"的样子，那样是会令人讨厌的。

8.真诚关心

管理者必须经常关心下属，注重选拔，培养下属，激励他们做更多的事。在工作不顺利时，管理者不要过分指责，同时要帮助下属解决一些实际工作和生活中的困难；在顺利时候，要提更严格的要求。

9.不要争论

管理者不能私下随便评价一个人，更不能抱着高人一等的态度，乱训斥别人。因这样往往激起争论，只会降低威信。一般而言，管理者和下属争论，是不能赢得下属们钦佩与信任的。

10.巧处埋怨

只有适当地宣泄，才能保持一个人的心理平衡，因此，我们可以说发牢骚、诉埋怨是人们的一种本性。作为管理者，可不必记在心上，而且还可以从"牢骚"话中了解到下属的困难，从而寻找到管理的最佳契机。

让对方多开口

成功的人大多是社交专家，然而出色的社交专家并不是我们所认为的口若悬河。真正懂交往之道的都是运用语言的大师，他们深谙人们的心理，了解人人都有表现欲，于是让对方多开口成了一条金科玉律。

著名的成功学大师卡耐基先生曾说："最出色的沟通艺术，是会听而不是会讲。"

实际上，所有人在心底都重视自己，喜欢谈论自己，以及他们自己所关心的事，没有人愿意听你唠唠叨叨地自吹自擂！

《纽约民众导报》的经济专栏中曾刊登了一大幅广告，宣传一家公司正在招聘一位有特别能力与经验的人。柯博斯应征了，面试以前他花费了许多时间在华尔街尽力打听所有关于招聘公司的资料。在面试的时候，柯博斯说："我能在一个有像你们这样具有非凡经历的机构工作，我颇感自豪。我听说你们在28年前创业时，除一室、一桌、一速记员外，一无所有，这是真的吗？"

许多成功的人，都喜欢回忆自己早年的奋斗历程，这名面试官也不例外。他谈了许多关于他如何成功运用450元现金及一个点子创业的经历。他讲述他怎样与困难搏斗，与金钱和讥笑斗争，他说那时他从未有休息日，并且每天工作12~16小时。最后，他战胜了所有的厄运。直到现在华尔街的许多名人都到他这里来索求材料及指导，他对这样的一种经历深感自豪。他当然有如此自豪的权利，他讲起这些，也总是如数家珍。最后，面试官简单地问了柯博斯的经历，然后对他的一位副手说："我想这就是我们正在寻找的人。"

　　事实上柯博斯并没有在面试官面前表现出多么优秀的能力与经验，柯博斯做的事情很简单，就是让对方说话。

从相同的观点说起

　　在与他人沟通的技巧中，"求同存异"是一个屡试不爽的佳法。

　　所谓"求同"，就是要求我们从相同的观点以及共同的兴趣（关注点）开始，这样利于双方谈话氛围的和谐；而"存异"则是要我们尽量先不提分歧很大的观点、事物，这些只会破坏我们的谈话氛围。

　　社会心理学研究表明，人们都乐于同与自己有相近之处的人交往、谈话。因为相似因素，既能有效地减少双方的恐惧和不安，解除戒备，又能发出可以共同接收的信息，能有相同、相似的理解，产生相同、相近的情绪体验，进而在感情上产生共鸣。

　　相似的社会经历，会使人产生相同或相似的切身感受，容易互相理解，引起感情上的共鸣。一方讲述的生活经历，能引起另一方对往事的回忆；一方吐露的心声，会成为双方共同的感慨。

　　人与人相处，最忌一个人唱独角戏，别人当听众。成功的社交应是众人畅所欲言，都表现出最佳的状态，你不能为了劝服别人就自顾自地滔滔不绝，没完没了，讲一些干巴巴的话。如何避免这些，我们可以从谈论对方感兴趣的事物开始，这样绝对能打开对方的"话匣子"。

　　无论何时何地，若想获得他人的好感，以及良好的沟通气氛，从相同的关注点谈起，永远不失为一条人际交往的金科玉律。

坚定地说出你的观点

作为一个有影响力的管理者，必须要坚持己见。坚持己见不同于盛气凌人，它是指维护自己的观点和立场，而不是靠争斗来解决问题。坚持己见的人会通过与人们进行诚实、公正、非对抗性的交流来表达自己的需要。

学会辨认坚持己见和盛气凌人之间的区别，不要盛气凌人。把精力集中在使你产生挫折感的事情上，而不是某个人身上。

当你坚持自己的意见时，应该面对"你的对手"，同时保持站立的姿势，背部挺直，两肩放松，要坦率而直接地注视对方，但要避免挑衅般地死盯住某个人。

说话时要吐字清晰、斩钉截铁、语调稳健。你的声音越从容，你就会越自信。向下属说明使你感到不满的具体原因，例如"这份报告缺少目录页"；向部下说明你的感情，例如"这份送交的报告缺少非常重要的部分，这令我很不安"。

用你的身体和声音说明你所关切的事情是非常重要的：

1. 发言时斩钉截铁。
2. 清晰而缓慢地说出自己的需求。
3. 保持身体前倾。
4. 正视你的下属。

第十一章

以倾听者的经验来进行交流

管理者应注意自己的一言一行

　　管理者的不当举止会对下属产生错误的指引。要避免这种错误指引的发生，就需要管理者严于律己。严于律己是律人的前提，只有做到自我管理才能要求下属去执行。优秀管理者应该严格要求自己，起到为人表率的作用，用实际行动来影响和带动身边的人一道去努力工作。

　　严于律己的典范在历史上并不鲜见。诸葛亮就是一个严于律己的人。

　　诸葛亮首次率领军队攻打中原时，因任用马谡而直接导致街亭失守，导致兵败而归。回去以后，诸葛亮写了一个自我处罚的文件，让蒋琬申奏后主刘禅，要求自贬丞相之职。

　　蒋琬回到成都，见到后主，刘禅打开书信一看，只见写道："臣本庸才，叨窃非据，亲秉旄钺，以励三军。不能训章明法，临事而惧，至有街亭违命之阙，箕谷不戒之失。咎皆在臣，受任无方。臣明不知人，恤是多暗。《春秋》责帅，臣职是当。请自贬三等，以督厥咎。臣不胜惭愧，俯伏待命。"

后主刘禅看完说道："胜负兵家常事，丞相何出此言？"这时侍中费祎上奏说："臣闻治国者，要以奉法为重。法若不行，何以服人？丞相败绩，自行贬降，正其宣也。"后主听了认同费祎的说法，于是下诏贬诸葛亮为右将军，行丞相事，照旧总督军马。

诸葛亮作为一个管理者和领导者，因为用人失误而失败，并要求处罚自己，即使当时诸葛亮不认其错，也没有人说什么，但他还是坚持上书请朝廷贬其职，追究自己犯下的过错，这正是诸葛亮做人且作为管理者的光明磊落之处。在当时，他严格要求自己，严于律己的做法，不仅没削弱他在军中的威信，反而更有效地鞭策和激励了满朝文武奋发向上的报国精神，还加强了对军队的统率。

倾听的质量是沟通的关键

沟通是管理过程中的一个重要环节。没有沟通就没有管理效能。在沟通中管理者不仅要积极表达和发问反馈，更要重视聆听的作用。没有有效的倾听，就难以产生沟通的效果。

乔·吉拉德被誉为最伟大的推销员，但他把成功归功于早年的一个教训。那时，他刚刚参加工作。一位客户来订购汽车，两人聊天很是投机，交易过程也相当顺利。

可是就在客户正要掏钱付款时，吉拉德却和旁边的一位同事谈起昨天的篮球赛，吉拉德一边跟同事兴致勃勃地说笑，一边伸手去接车款，没想这位客户却说，他不买车了，掉头而走。

吉拉德苦思冥想了一天，也不明白这位客户为什么突然改变主意。

当天晚上，按照顾客留下的地址，乔·吉拉德找上门去求教。客户见他满脸真诚，就实话实说："你的失败是由于你不善倾听。在我准备签约时，我提到我的独生子即将上大学，而且还提到他的运动成绩和他将来的抱负。我是以他为荣的。但是你当时却没有任何反应，而且还转过头去和别人讲话！"

这个教训让乔·吉拉德铭记终生。事实上，能做到第一层次倾听的人占50%的左右，能够做到第二层次倾听的人只有30%，做到第三层次倾听的人只剩15%，达到第四层次水平上的倾听仅仅只有5%的人。管理者在沟通过程中应该提高自身的倾听技巧，学会做一个优秀的倾听者，通过对员工所说的内容表示感兴趣，才是高品质沟通的保证。

充分掌握对方的沟通期望

只有了解了对方的期望，我们才能了解沟通是否能够利用收听者的期待，以及是否需要对他"当头棒喝"，而让他意识到"不能如其所愿"的事情正在发生。

杰克·凯维是加利福尼亚州一家电气公司的一位科长，他一向知人善任，并且每当推行一件计划时，总是不遗余力地率先做榜样，将最困难的工作承揽在自己的身上，等到一切都上了轨道之后，他才将工作交给下属，而自己退身幕后。虽然，他这种处理事情的方法很好，但他太喜欢为他人做出表率，所以常常让人觉得他似乎太骄傲了。

有一段时间，一向神采奕奕的凯维有些无精打采。原来是因为经济极不景气，资金方面周转不灵，再加上预算又被削减，使得公司的运转差点儿停顿。凯维看这种情形若继续下去，后果一定不可收拾。于是他实施了一套新方案，并且鼓励职工："好好干吧！成功之后一定不会亏待你们的。"但没想到眼看就要达到目标，结果还是功亏一篑，也难怪他会意志消沉了。

平日对凯维就极为照顾的经理看了这些情形后，便对他说："你最近看起来总是无精打采的，失败的挫折感我当然能够了解，但是我觉得你之所以会失败，乃是因为你只是一味地注意该如何实现目标，却忽略了人际关系。如果你能多方考虑，并多为他人着想，这种问题一定能够迎刃而解。"

经理停顿了一下，又接着说："大丈夫要能屈能伸，一个好的管理人员也是如此。我觉得你就是进取心太急切了，又总喜欢为职工做出表率，而完全不考虑他们的立场，认为他们一定能如你所愿地完成工作，结果倒给了职工极大的心理压力。大概也就是因为这样，所以大家都说你虽能干，但你的部属却很为难。每个人当然都知道工作的重要性，所以你大可不必再给他们施加压力。你好好休息几天，让精神恢复过来，至于工作方面，我会帮助你的。"

经理在与杰克·凯维沟通之前，已经做过详细的调查，不仅清楚凯维消沉的原因，也知道了同事对他的评价。他判断，凯维此时最需要的一定是失败的原因和鼓励的话语。所以，他才说出上述话。这些话对于凯维来说确实很受用，在经理与他谈完话的第二天，他就信心百倍地开始工作了。

会打棒球的人都知道，当我们要接球时，应顺着球势慢慢后退，这样的话球劲便会减弱。与此相似，我们在说服他人的时候，如果能将接棒球的那一套运用过来，沟通就会变得极为容易。

用心倾听下属的意见

信息交流是双向的，管理者要向下属传输任务信息，下属要向管理者及时反馈有关任务执行情况的信息。定期抽出一定的时间和下属交谈，倾听下属的意见，能够使管理卓有成效。

倾听是管理者与员工有效沟通的基础，管理者要学会认真倾听下属的意见。有的企业领导者似乎天生有一种发号施令的嗜好，或者认为只有不断地发布命令才能显示出自己的权威。对于来自下面员工的意见，他们则常常显示出不耐烦，固执地认为下属只有执行命令的资格。殊不知，倾听也是一种领导力量。若不注意了解下属的心声，很可能失去最得力的干将。

企业管理层只有注意倾听周围人的意见，才能进一步推动工作，信赖别人的同时也能够得到别人的信任。

善于听取不同的声音

有效的决策并不像课本里所说的那样来自对真相的一致看法。恰恰相反，正确决策的意识正是在不同意见的冲突与矛盾之中产生的，是认真考虑各方意见的一个综合性结果。

美国历史上的每一位卓有成效的总统都有各自一套激发不同意见的办法，以帮助自己能做出有效的决策。华盛顿总统最讨厌他开的会议上有冲突，或者争论不休。然而，就连他这样一向推崇团结的人在重要决策上，也会同时去征求汉密尔顿等人的意见，以使自己能听到必要的不同声音。

卓有成效的管理者善于听取不同意见。为什么要听取不同的意见？德鲁克给出三条理由：不同意见能够避免决策者被某种看法所左右；不同意见可为决策提供多种选择；不同意见有助于激发想象力。

多说"我们"少说"我"

管理者应该常说"我们"，而不是"我"。管理者应该与员工荣辱与共、同甘共苦，而不是将自己跟周围的人和事划清界限。优秀的管理者不会认为别人的问题只是别人的问题，也不认为自己的事都是自己的事。由于他的头脑中装着共同环境的概念，会自然而然地多说"我们"少说"我"。

有位心理学家曾经做过一项有趣的实验。他让同一个人分别扮演不同的角色与下属进行沟通，分别是专制型、放任型与民主型三种不同类型的管理者，而后调查这三类管理者与下属的沟通效果如何。

结果发现，民主型的管理者与下属的沟通最为愉快，员工也更容易接受其他上级的要求及下达的任务。原因就在于，民主型的管理者都在与员工交流过程中使用是"我们如何，我们应该……"而不是"我的意见是……你应该……"

第十二章

价值百万的建议

既要雅的，也要俗的

领导与下属沟通，除了针对工作中的具体问题，还要时不时有些"无关紧要"的谈心。谈心是沟通的桥梁。

谈心首先要把握住准确时机，你不能在下属心急火燎地赶任务时，把他拉到外边喝茶聊天。而且谈心时要讲究语言技巧，一般来说，根据谈心对象不同的文化素养、性格特点、习惯爱好，要使用不同的语言。

有些人比较内向，对他们使用的语言要柔和一些，使道理像春风化雨那样点滴入土，润物无声；而对直爽开朗的，就可以一针见血地指出问题；对文化层次高的下属，语言应该文雅一点儿，太俗气了他会觉得你不尊重他，甚至会瞧不起你，无论哪种情况，他都不愿听你讲话；对文化程度一般的人，如果用词太文雅了，他会听不懂，更会觉得你装腔作势，所以语言要平实一些；对资历深、工龄长的员工，谈心时可以探讨一些深奥的哲理，多举一些彼此熟知的例子；对年轻识浅、思想单纯的员工可以多用些通俗易懂的语言，深入浅出，并注意在谈话中多讲一些故事，增加趣味性和说服力。

在沟通中，语言的准确性相当重要。善于做思想工作的人，平时往往注重积累词汇，讲话时很注意逻辑性。除此之外，声音的抑扬顿挫、言语的节奏感也都要注意。

既要明言，也要暗示

每个人都喜欢心直口快的人，好比《红楼梦》里的史湘云，但领导者有时候必须得做胸有丘壑的薛宝钗。面对下属，有时可以直来直去，有时却要懂得迂回、暗示，要明白有些话不宜说破、说穿，只能点到为止。

暗示，是一种含蓄、间接的驾驭术。暗示性的话既可以是矛，也可以是盾。老牛拉车，硬赶不行，不妨兜个圈子，再把它引上路。巧妙地利用暗示，可使下属心甘情愿地接受领导的意志和命令，迅速开展行动。

在以下两种情形下应该使用暗示：

（1）当中层领导者要向下属传达一种信息，而这种信息又只可意会不能言传的时候。

（2）当下属和中层领导交换信息，这种信息暂时需要保密，而前后左右员工众多，不宜直接表达时。

使用暗示的方式各种各样，比如：告诉下属，你已在上级面前替他挡过不少过失，使他心存感激而接受工作要求；故意放出风声说，若是这次工作成效不佳，公司可能有人会被开除，使员工因害怕而服从；先讲一番道理给下属听，如年轻人眼光要放远一点儿，应好好做事，然后再派工作给他。

运用暗示，要根据下属的心理特点来。一般来讲，年龄小、性格软弱、独立性较差的人，更宜接受暗示。反之，那些独立性较强的人，暗示的效用则小些。

使意见在不同类型的成员之间畅通无阻

每个单位都有一些不常参与沟通却能提供极佳意见的员工，他们可被概括为三种类型：

1.孤傲者

他们有专业的出身环境，能力过关，信奉"能力决定报酬"。在埋头苦干的时候，忽视了过人际交往的技巧，一旦开口，往往只讲简单的几句话。这类人对工作本身的忠诚超过对组织的忠诚，他们更关心"工作完成了没有"，而不是"大家相处得是不是开心"。研究中心的科学家、会计师、工程师和许多其他专家都属于这类人。

2.被忽视者

他们所以无法贡献他们更多的心力，是因为他们是"热心但沉默的一类"。这一类型的人大智若愚，知道自己再怎么表现经理也看不上，索性就不表现了。

3.言简意赅者

有些人视多心直口快，他们认为只有言简意赅才有价值，其他多说的一言一语都是在浪费时间、浪费生命。所以他们不愿表达任何"浪费时间"的意见，但这些意见可能在讨论会中极富价值。

管理者必须对这三类人进行分析，同时要求他们广泛地参与团队讨论，或在某些状况下让他们提出更细微、更具体的建议，并将这些建议付诸实施。当这些人参与任何层级的活动时，不妨给予热烈的赞许和鼓励。

要放下架子，待人真诚

领导干部做下属的思想工作，不管是一般的交流、谈话，还是有针对性地对其说服、教育、批评、帮助，都要以平等、坦诚为沟通的基础。首先要明白一点，你和下属虽然有职位高低、权力大小、角色主动与被动等差别，但在人格上双方是完全平等的。你如果摆架子，下属或许会被你震慑住，你的权威感是建立起来了，但却无法听到下属的心里话。

为人处世要以诚为本。无论身处何时何地，说话办事一定要遵循一个"真"字，对人要说真话，待人要以真心。那些言不由衷的空话、大话和假话要请出你的词典，更不要用虚情假意、矫揉造作的假感情糊弄下属。要聪明，但不要小聪明。只有放下架子，去掉偏见，才能与下属交朋友。一个真诚的人，在说话时自然会情真意切，从而在和风细雨中打动受教育者的心，增强我们的工作效果。当然，放下架子是在坚持原则的基础上。

要善于听，还要善于想

古人说："听君一席话，胜读十年书。"古代名相子产，以"不毁乡校"著称，便是广泛听取乡校中的议论，采纳雅言，鉴证得失，及时发现失误，采取有效的措施。善于听的人可以通过听别人的议论，拓宽视野，增加知识，获取经验，增长见识，丰富阅历，这是自我完善的有效途径。

不仅要善听，听了还要想。如果听了便当耳旁风，左耳进，右耳出，就无异于竹篮打水。矫枉过正也不对，如果听了都牢牢记住，不加区分和择别，听一句记一句，则又会使自己陷入"听而不思则罔"的困境。最后，众说纷纭，莫衷一是。

在处理比较复杂棘手的问题时，一定要深思熟虑。一个人的想法毕竟有限，不妨听听来自各方面的意见，然后权衡利弊，综合判断，得出结论。博采众议最大的好处在于施放善意。善于倾听别人的议论，会使别人心中产生受重视的感觉。

意见多分两类，一类是有关计划或方案策略的计谋意见，另一类则是指正工作得失、正误的批评性意见。对于前者，既要虚心听取，又不可偏听偏信。要善于区分，不可盲从。对于后者，最重要的是态度，所谓"忠言逆耳"。谁都不愿被人指责缺点，但胸襟坦荡的领导者能够做到虚怀若谷，批评无论对与错，恰当与否，都应欣然接受。